동장이 뭐예요?

동장이 ? 뭐예요

공무원이 쓰는
공무원 이야기,
주민이야기,
그리고 사람 냄새 나는 마을이야기

이 미 숙 지음

공무원이야기,
주민이야기,
사람 냄새 이야기를 쓰면서

언젠가는 책 한 권을 쓰겠다는 생각을 했다. 내 이름을 남기기 위한 책이 아닌, 나를 돌아보기 위한 책이면서 다른 사람에게도 도움이 되는 책을 쓸 수 있게 되기를 간절히 바랬다. 내게 있어 책은 힘들 때 나를 위로해주는 친구였고 갈 길을 몰라 헤맬 때 길을 알려주는 안내자였다. 그래서 내가 책에서 받은 위로와 지혜를 갚는 것이 도리라는 생각을 하였다. 그럼에도 책을 쓴다는 일은 왠지 거창하게 느껴지고 힘든 일처럼 느껴져 감히 시작하지 못하였다.

모든 어려운 일들이 시간이 가면서 자연스럽게 해결되는 것처럼 시간이 가면 지혜가 생기고 더 좋은 글을 쓸 수 있을 것 같았다. 누구나 믿는 것처럼 시간은 좋은 약이 되리라 생각했다. 하지만 그것은 언젠가 잘 될 것이라는 막연한 기대의 다른 표현일 뿐이었다. 시간이 갈수록 더 어려워지는 것을 느낄 수 있었다.

기억력이 나빠지고 필력도 점점 더 떨어지고 판단력마저 나빠지고 결국 용기마저 잦아들었다. 그래서 결심을 했다. 나이 오십이 가기 전에 마무리를 하겠다고. 올해 우리나이로 오십이 되었건만 또 다른 핑계가 생긴다. 아직 만으로 오십이 되려면 시간이 더 남은 것이다. 그래서 조금의 여유를 가지고 글을 정리하기 시작하였다. 책을 써야겠다는 결심을 할 때만 해도 책 한 권이야 쓰지 못할까하는 자신감도 있었다. 내가 쓴 연애편지만 엮어도 책 한 권은 거뜬히 될 듯했고, 살아온 이야기를 엮으면 몇 권의 책이 되리라고 자신했건만 막상 글을 쓰려고 하니 쉽지 않았다.

내가 공무원으로 가지고 있는 노하우, 공무원으로 살아온 이야기를 정리하고 싶었다. 그런데 고민이 생겼다. 내가 하고 있는 이야기들이 독자가 듣고 싶은 이야기일까? 나 혼자 도취되어 이야기하는 것은 아닐까? 나는 재미있는데 상대는 벗어나기를 간절히 기다리고 있는 것은 아닐까? 이런 저런 고민을 안고 조심스럽게 글을 정리하기 시작했다.

나처럼 특정 업종 종사자가 쓴 글을 읽을 때는 독자들이 기대하는 것이 있을 것이다. 어떤 이는 어느 한 공무원이 겪어온 세월과 경험을 통해서 공무원이 하는 일에 대해 알고 싶을 것이고, 어떤 이는 사회 현상을 알고 싶을 것이다. 또 어떤 이는 공무원이 일하는 방식을 알고 싶을 수 있다. 그런데 과연 내가 그들이 원하는 이야기를 쓰고 있는지 모르겠다.

25년째 공무원 생활을 하고 있지만 내 주변에 있는 가족과 친척들조차도 내가 무슨 일을 하는 지 정확히 모르고 있다. 가끔씩 만나는 친척들에게 동 주민센터에서 근무한다고 말씀드리면 주민등록 등초본 발급에 대해 간단히 이야기하는 정도이다. 구청과 동주민센터에서 무수히 많은 일을 하고 있어도 그저 주민등록 등 · 초본 발급과 같은 민원처리에 대해 이야기 하고 나면 더 이상 이야기가 진행되지 않는다. 공무원을 하겠다는 사람은 많아도 공무원이 되려면 정작 어떻게 해야 하는 지 또 무엇을 하는지 알아야겠다고 치열하게 묻는 사람도 없다.

그럼에도 용기를 내었다. 말 그대로 공무원 주변에서 일어나는 소소한 이야기를 통해 주민들의 따뜻한 마음을 그려내고 싶었다. 그리고 우리들의 이야기를 통해 흔히들 이야기하는 '인생은 살만한 것이다' 라는 진리도 함께 말하고 싶었다. 혼자서는 자신이 없었다. 그래서 함께 근무했던 선배 공무원들을 찾아다니며 함께하자고 했다.

"정말로 책을 한 권 쓰고 싶은데 함께해 주세요. 저는 우리 공무원들의 이야기를 쓰고 싶어요. 고위 공무원과 정치인들 이야기는 많은데 일선에서 일하는 우리 말단 공무원들의 이야기는 없잖아요?”

좋은 생각이라며 용기를 주었지만 함께 글을 쓰는 것에 대해서는 난감해했다. 너무나 치열하게 살아 온 공무원 생활을 돌아보고 싶지 않다는 사람, 조금 천천히 생각해보자는 사람, 함께 하고 싶지만 글쓰기가 어렵다는 사람. 다양한 이유로 거절하였다. 갑작스런 제안에 망설여지기도 하고 걱정이 앞서는 듯했다. 그래서 결국 나 혼자 이야기를 쓰기 시작했다.

내가 시작하지 않으면 누구도 시작하지 않을 것 같았다. 우리 공무원들은 자신들이 하는 일에 대해 이야기하는 것을 별로 좋아하지 않으니까. 그리고 스스로 한 일들을 자랑하는 데 익숙하지 않으니까 내가 해야만 할 것 같았다. 선배, 동료, 후배 공무원들의 평범하지만 되새기고 싶은 이야기를 시간이 날 때마다 하나씩 하나씩 어렵게 쓰기 시작하였다.

과연 이 책이 독자의 기대를 채울 수 있을지 모르겠다. 글을 정리하다보니 지극히 내 개인적인 경험들이 많았다는 것을 부인할 수가 없다. 주민들의 이야기도 공무원의 시각으로 정리한 것이다 보니 왜곡된 내용도 있을 것 같다. 미래의 직업을 공무원으로 정하고 직업체험을 하러오는 중고등학생들이 궁금해 하는 것들을 잘 설명하고 있는지, 이제 막 공무원이 되어 일을 어떻게 해야할까하고 고민하는 후배들이 알고 싶은 내용을 싣고 있는지 모르겠다. 그럼에도, 이 책이 공무원이 되고 싶은 학생들과 공무원이 되기 위해 준비하는 사람들, 새로운 일에 부딪혔을 때 어떻게 맡은 일에 임해야 할지 고민하는 후배 공무원들, 그리고 공무원에 대해 관심이 있는 사람들에게 조금이나마 도움이 되는 책이길 희망해본다.

2015년 12월, 독산3동 주민센터에서

이미숙

| 차 례 |

골목에 따라 나타나는 특성이 그 지역의 특징을 만들었다.
처음에는 이런 차이를 몰라 시행착오를 만들었다.
블록에 따라 홍보 방식도 달라지고 업무방식도 달라져야
효과가 날 수 있다는 것을 천천히 알게 되었다.

1. 주민 이야기

'여성동장'이라서 확실히 다르다고 말씀하신다.
달라서 싫은 게 아니라 달라서 좋아진 것이다.

1. 행정의 최일선으로 가다

독산3동장이 되다

사회를 변화시키는 것보다는 내 자신을 변화시키는 것이 더 필요하다고 생각했고 다른 사람을 돕는 것보다는 내가 다른 사람의 짐이 되지 않는 것이 중요하다고 생각하며 살아왔다. 이런 생각의 내면에는 내 일을 하면서 다른 사람의 비난을 받지 않고 싶다는 생각, 다른 사람으로 인해 성가신 일을 겪고 싶지 않다는 소극적인 생각이 포함되어 있었다. 한편, 남편은 나와 달리 사회를 변화시키고 싶은 사람이다.

사회적으로 이슈가 되는 일이 있으면 남편은 나섰고 어려운 사람을 보면 그 사람들을 돕는 일에 서슴지 않았다. 그러던 남편은 언제부턴가 정치를 하고 싶어 했다. 나는 달랐다. 정치인의 아내가 얼마나 고생하는지를 보아온 터라 그 고생을 하고 싶지 않았다. 하지만 나는 남편의 뜻을 꺾지 못하였다.

내 마음속 한편에는 남편이 다른 사람보다 정치를 더 잘 할 거라고 생각하는 오만함도 있었다. 사리사욕이 없이 항상 자신보다는 남을 먼저 살피는 남편이기에 다른 누구보다도 따뜻하고 정의로운 정치인이 될 거라고 믿었다. 그래서 2014년 6 · 4지방선거에 남편이 시의원 후보로 뛰어 들었고 나 또한 남편의 선거운동을 돕기 위해 휴가를 냈다. 그 당시 지역경제과장으로 있으면서 현안업무도 많았지만, 주무팀장에게 맡기는 수밖에 없었고 중요한 일에 대해서는 수시로 전화하기로 하였다.

선거는 행정 업무를 하는 것과는 많이 달랐다. 정해진 틀과 법을 지키는 행정업무를 하는 것이 질서 있는 생활이라면 선거는 전쟁 같았다. 하루하루가 다르고 한 치 앞을 알 수 없었다. 남편을 지지한다고 말하는 사람들이 수시로 선거 사무실을 오갔다. 거리에서는 이쪽저쪽을 알 수 없는 상태에서 많은 말들이 오갔다. 격려를 받기도하고 비난을 받기도 하였다.

나는 남편의 인지도를 높이기 위해 아침에는 출근시간에 맞춰 남편의 명함을 주었고 해가 쨍쨍 내리쬐든 비가 오든 동네 골목골목을 돌아다녔다. 오후가 되면 시장에 나가서 나에게 호의적인 사람이든 아니든 가릴 것 없이 한 표를 호소했다. 그렇게 일주일을 보내니 내 눈에 새로운 것들이 보이기 시작하였다.

우선, 정치인들이 표를 얻는 과정이 너무나 힘들고 절절한 것이라는 것을 알게 되었다. 폐지를 줍는 할머니와 할아버지의 모습에서 삶에 대한 애정을 보았다. 똑같이 노상에 좌판을 펴고 야채를 팔고 있어도 사람들마다 다른 에너지를 가지고 있었다. 상인들을 만나면서 사람들이 마음을 쉽게 열지는 않지만 열정을 가진 사람에게는 그 만큼 반응을 보인다는 것도 알게 되었다.

새로운 경험이 경이롭게 느껴질 즈음 선거기간이 끝났고 남편은 낙선하였다. 낙담하여 실의에 빠진 남편을 보고 있자니 가슴이 너무 아팠다. 그럼에도 불구하고 나는 가슴이 뛰는 것을 느꼈다. 남편의 선거 운동을 하면서 민심의 흐름을 보았던 것이다. 그리고 사람의 몸에서 에너지가 움직이는 것을 느꼈다. 민심이라는 것이 무엇인지, 그 변덕스럽다고 하는 사람의 마음이 무엇인지, 무엇이 사람을 변하게 하는지 현장에서 더 가까이에서 보고 느꼈다.

그동안 내가 구청에 앉아서 사람들을 만나고 업무를 계획하는 것이 어쩌면 부질없는 것인지도 모르겠다는 생각이 들었다. '아무리 논리적이고 예쁘게 꾸며진 계획서도 현장의 에너지가 담기지 않았다면 무슨 의미가 있을까' 라는 생각이 들었다. 이왕에 일을 하는 것이라면 주민들이 있는 현장에서 일하고 싶어졌다. 주민들과 함께 하면서 삶의 지혜를 배우고 싶었다.

주민들 곁에서 주민들을 바라보며 일하겠다는 결심이 서자 구청장님께 면담을 청하였다. 동장으로 열심히 일해 보겠노라고, 이왕이면 편안한 동네보다는 일거리가 많은 동네에서 일해보고 싶다고 말씀드렸다. 구청장님은 청을 들어주셨다. 나는 주민과 함께 일을 하겠다는 생각, 가난한 사람의 위로가 되고 싶다는 생각, 내가 가진 가치관과 철학에 따라 행정을 해보겠다는 생각, 마을에서 작은 변화를 만들고 싶다는 희망을 가지고 행정의 최일선으로 갔다. 독산3동장이 된 것이다.

동장일기 | 2014.7.25.(금)

2014년 7월 25일자, 독산3동장으로 임용되었다. 오전 8시 30분에 발령장을 받고 업무 인수인계를 하고 인사를 하다 보니 독산3동에는 오후 5시 30분이 되어서야 도착하였다.

도착하자마자 통장월례회의에 참석하고, 6시30분에는 청소년지도협의회 월례회의에 참석하고 식사를 하고나니 어느덧 8시가 넘었다. 짐을 풀 시간도 없었다.

좋은 동장이 되는 비결은 있는 걸까?

내가 원했고 남들이 하는 일을 못 할 게 있겠냐는 배짱도 있었지만 동장이라는 보직은 은근이 겁이 났다. 우선 여성에 대한 편견과 많은 주민들이 낯설어 한다는 사실이 부담으로 작용했다. 같은 일을 해도 여성은 남성보다 눈에 빨리 띄게 마련이니 더 열심히 해야 한다는 생각이 들었다.

내가 동장으로 임용되기 전까지 우리구에 있는 모든 동장은 남성이었다. 그래서 잘하고 싶었다. 좋은 동장이 되고 싶었다. 내가 잘못하면 개인의 잘못으로 정리되기 보다는 '여자라서 그렇다' 거나 '여성동장' 의 특성으로 여겨질 것 같았다. 그래서 동사무소에서 근무한 경험이 있는 직원들과 이미 동장을 하셨던 분들을 찾아다니며 물어보았다.

"동장이 가장 신경 써야 하는 일은 뭔가요?"

"순찰을 하면서 누구를 만나나요?"

"순찰을 할 때는 무엇을 중심으로 보나요?"

"단체 회원들과 술은 어느 정도 마시나요? 술을 안마시면 회원들이 싫어하나요?" 등등.

궁금한 내용을 물어보면 너나 할 것 없이 한 마디씩 조언을 해 주었다.

"주민 여론을 듣고 민원을 해결하는 데는 자치회관 헬스장이 최고예요. 아침에 오시는 분과 저녁에 오시는 분들의 성향이 달라요. 저는 동사무소에 근무할 때, 아침 6시30분쯤에 헬스장에 올라서 주민들과 이야기를 나누고요 저녁 7시쯤에 다시 한 번 이야기를 들었어요. 그러면 웬만한 민원과 동네 소문은 그 곳에서 다 들을 수 있고요, 그 곳에서 해결도 돼요. 우리가 할 수 없는 일은 좀 이해해달라고 하면 그분들이 민원을 잠재워줘요. 그리고 그렇게 관심을 갖는 것에 대해 굉장히 고마워해요."

"동장은 사무실을 지키기 보다는 순찰을 자주 하셔야 해요. 동장의 '동'은 '움직일 동(動)'이라고 해요. 하루에 한 번 이상 꼭 순찰을 해야 하구요, 순찰은 일정한 시간을 정해서 하세요. 일정한 시간에 동사무소에 계셔야 동장님을 만나러 온 주민들이 헛걸음하지 않고 동장님을 만날 수 있거든요."

"순찰은 항상 중요한 거점을 찍으면서 하세요. 다니다보면 사람들이 잘 모이는 곳이 있어요. 세탁소나 부동산 같은 곳이 최고예요. 그곳에서 여론이 조성되거든요. 일종의 참새 방앗간 같은 곳 말이에요. 경찰관의 순찰함 같은 것이지요. 그래야 주민들이 동장님이 순찰한다고 소문이 나면서 동장님이 일을 열심히 한다는 이야기가 나와요."

"순찰을 할 때는 꼭 같은 옷을 입고 다니세요. 그래야 사람들이 동장님을 알아보고 하고 싶은 이야기도 하고 정보도 줘요."

"동장은 구두를 신으면 안 돼요. 사무실에 운동화를 준비해 놓고 출장 다닐 때 신고 다니세요. 구두 신고 다니면 발이 아파서 견디기 힘들어요."

"어려운 사람들에게 쌀을 줄 때는 가족 수도 확인하세요. 아무래도 식구 많은 집에 쌀이 더 많이 필요해요. 홀몸 어르신에게 드릴 때도 한 번 살펴보고 주세요."

"단체 회원들과는 술을 자주 하지 않는 게 좋아요. 술을 마시면 사람들이 좋아할 것 같지만 사실은 그렇지 않아요. 오히려 특정 단체와 어울린다는 소문이 생길 수 있어요. 회의 후에는 간단히 식사를 하는 정도로만 하고 술자리까지는 가지 마세요."

"00동장님은 술도 안 하시고 특별히 어떤 일을 하는 것은 아닌데 주민들이 정말 좋아해요. 제가 그 분을 겪어 보았는데요, 그 분은 다른 사람 이야기를 정말 진지하게 들어줘요. 무슨 부탁을 하면 안 되는 일도 해결하려고 애쓰세요. 그 모습만으로도 저절로 고마울 정도예요. 그래서 주민들이 좋아하는 것 같아요." 등등.

직원들은 직원들 나름대로 자신들이 알고 있는 노하우와 정보를 전해주었고 동장 경험이 있는 선배님들은 자신들만이 가지고 있는 노하우를 전해 주었다. 신기하게도 내용의 대부분은 주민의 일을 해결하는 방법이라기보다는 주민들과 어울리는 방법이었다.

모두들 순찰을 자주하라고 조언을 했지만 순찰할 때 무엇을 중심으로 보아야 하는지, 주민들의 요구사항에 대해 어떻게 반응해야 하는지 이야기하는 사람은 거의 없었다. 그저 열심히 돌아다니면서 일하는 동장으로 비춰져야 한다는 것이었다. 주민들과의 만남도 직접적인 업무 해결보다는 인간적인 관계를 만들라고 했다.

"어려운 일이 있을 때 논리적으로 주민을 설득하려고 하면 더 힘들어져요. 그냥, 동사무소를 생각해서 혹은 직원을 봐서 좀 봐달라고 하세요. 그게 훨씬 빨라요."

그렇다. 주민들은 동사무소에서 어려운 일을 해결해야 한다고는 생각하지 않았다. 동장이 힘든 일을 해결해주리라고 기대하는 사람도 별로 없었다. 순찰을 통해서 문제를 해결하는 것이 아니라 순찰을 하면서 사람들을 만나고 사람들의 이야기를 들어주고 그런 과정을 통하여 주민들의 마음을 얻는 것이 중요하였다. 마음을 얻으면 일이 저절로 해결되는 것이었다.

그동안 사람의 마음을 얻는 것이 가장 어려운 일이라고 생각했던 내 생각을 뒤집는 것이기도 했다. 많은 선배들과 직원들은 '노력하면 사람의 마음을 얻을 수 있다' 고 말하고 있었다.

동네 둘러보기, 순찰

동장을 잘하는 방법과 관련하여 모든 사람들이 공통으로 강조한 것은 부지런히 움직이는 것이었다. 그래서 동네를 둘러보기 시작했다. 하지만 동네를 돌아보는 일은 쉽지 않았다. 우선 낯선 길이라서 그런지 멀게만 느껴졌다. 조금만 걸어도 힘들고 낯설어서 길을 잃기도 했다. 첫 순찰을 할 때 관내 지도를 미처 안 가지고 나갔다가 사무실로 들어오는 길을 찾지 못하였다. 사무실에 거의 다 도착한 것 같은데 찾을 수가 없었다. 창피함을 무릅쓰고 근처 슈퍼에서 길을 물어보았다. 너무 창피하여 제발 내가 동장이라는 사실을 모르기만 바라면서 동사무소로 돌아왔다.

그래도 순찰을 계속하였다. 모든 사람들이 가장 중요하다고 이야기할 때는 이유가 있으리라 생각했다. 대신 첫 순찰의 낭패를 경험삼아 순찰을 나갈 때는 항상 지도를 가지고 다녔다. 때로는 직원들과 동행하기도 했다. 동사무소 업무에 익숙해지기 전까지는 직원과 함께 하는 것이 업무를 익히는데 도움이 될 것 같았다. 직원과 함께 다니니 업무 숙지가 훨씬 빨라졌다. 골목 곳곳에서 동네일에 참여하고 계시는 분들에게 인사드리고 민원이 많이 생긴다는 지역도 살펴보았다.

순찰을 나가는 횟수가 늘수록 길이 익숙해졌다. 동네 사람들과 하나 둘 인사를 하게 되면서 동네에서 일어나는 일도 듣게 되었다. 동네를 한 바퀴 도는 일이 멀게 느껴지지 않았고 순찰하는 길이 지루하지도 않았다. 나를 아는 주민들은 무척 반갑게 맞아주기도 하고 주변에서 일어나는 일들을 이야기하고 때로는 동장이 개입해서 해결해주기를 원하는 것들에 대해 이야기하기도 했다. 내가 의욕을 앞세워 너무 열심히 다니면 직원들과 주민들은 속도를 조절해야 한다고 충고하기도 했다. 모든 일은 장기전으로 가야한다고.....

직원들과 주민들의 만류에도 나는 마음이 급했다. 하나라도 더 많이 찾아내고 잘못된 것을 고치고 내 손길이 필요한 일들을 찾고 싶었다. 그러려면 더 열심히 지역사회를 돌아다녀야겠다고 생각했다. 하루가 짧았다. 오전에 한 두 곳 다니고 오후에 한 두 곳 다니면 어느새 시계는 퇴근시간을 가리키고 있었다. 오전과 오후에 자리를 비우다 보니 또 다른 민원이 생겼다.

동사무소에 동장을 만나러 와도 만날 수 없다는 것이었다. "두 번을 왔다가 허탕 쳤네.", "세 번을 왔다가 허탕 쳤네." 하는 불만을 듣게 된 것이다.

직원들이 해 준 충고 중의 하나인 '일정한 시간에 순찰하라', 즉, '일정 시간에는 동사무소를 지켜라.' 라는 원칙을 어긴 것이다. 그래서 가능하면 오전 시간은 동사무소에 있고 오후에 순찰하기로 했는데 오전에 회의 참석을 하거나 민원해결을 위해 출장 나갈 일이 생기곤 하여 오전에 사무실을 지키는 것은 여전히 힘든 일이었다.

백문(百聞)이 불여일견(不如一見)이라는 말이 있다. 즉, 백번 듣는 것이 한 번 보는 것만 못하다는 이야기다. 보지 않으면 백번 들어도 알아듣지 못하게 된다. 반면, 모르면 백번을 봐도 정확한 판단을 하지 못한다. 결국 알기 위해서는 자꾸 보고 자꾸 들어야 하고 많이 알게 되면 더 잘 보이고 더 잘 들리기 마련이다.

순찰은 많이 보고 많이 듣고 많이 알기 위해 해야 할 필수적인 일 같았다. 자주 돌아다니면서 어떤 골목에 어떤 사람들이 살고 있는지 아는 것은 문제가 생겼을 때 해결책을 찾는데 도움이 되었다. 작은 동네인데도 골목별로 특성이 있었다.

처음에는 몰랐다. 도로를 중심으로 특성이 다르다는 말은 들은 적은 있었지만 블록에 따라 나타나는 차이에 대해 말하는 사람은 없었던 것 같다. 오로지 순찰을 통해서 직접 보고 사람들을 만나면서 알 수 있는 일이었다.

골목을 따라 들어선 건물들이 하나의 블록을 이루고 있었고 그 속에 포함된 건물들은 구성원을 다양하게 하고 있었다. 공원이 있는 곳, 시장이 있는 곳, 상점가 주변, 아파트단지, 다가구주택이 많은 곳, 연립이 많은 곳, 원룸주택 주변, 사람들의 왕래가 많은 곳 등등 건물과 골목이 모여 블록을 만들고 그 블록들은 특성을 가지고 있었다. 골목에 따라 나타나는 특성이 그 지역의 특징을 만들었다. 처음에는 이런 차이를 몰라 시행착오를 만들었다. 그 작은 블록에 따라 홍보 방식도 달라지고 업무방식도 달라져야 효과가 날 수 있다는 것을 순찰을 통해 천천히 알게 되었다.

게다가 동네일이란 게 집안 살림과 비슷하여 끝이 없다. 동장의 입장에서는 그런 현상이 더욱 심하다. 마치 집에서 가장의 위치와 비슷하다고 할까? 자식들이야 자신이 해야 할 일을 하면 되지만 가장은 친척의 대소사에서부터 집안의 살림에 이르기까지 해야 할 일이 다양하지 않은가? 동사무소가 동 주민센터로 기능이 전환되고 나서 그런 경향이 더 커진 것 같다.

예전의 동 사무소는 민원업무부터 건축까지 생활과 관련되는 모든 일을 처리했지만 주민센터로 기능전환하면서 민원업무와 복지업무만 남기고 대부분의 업무가 구청으로 이관되었는데 주민들은 이전과 비슷한 서비스를 요구하거나 더 많은 서비스를 요구하고 있는 것이다. 결국 담당직원이 따로 없는 업무는 모두 동장의 일이 되고 있다. 며칠 전에는 시장을 걷고 있는데 시장으로 들어가는 모퉁이에서 생선을 파시는 할머니와 함께 이야기를 나누시던 분들이 나를 불러 세우셨다.

"동장님, 우리가 여기서 쉬기도 하고 이야기도 하는데 차가 다닌다고 자꾸 치우라고 해요. 동장님이 어떻게 좀 해주세요."

내가 보기에도 그곳은 여름에는 그늘이 지고 겨울에는 바람을 막아주는 곳인데다 노점 할머니가 다정하고 마음이 착해서 할머니들이 옹기종기 모여 시간을 보내시는 곳이다. 돈 없는 어려운 할머니들이 모여 이야기하고 시간보내기에 그 만큼 좋은 장소도 없지만 한편으로는 위험한 곳이다. 차가 통과하는 길목인 것이다. 할머니들의 안전을 생각하면 그 곳에 앉아계시면 안 되는 것이고 어르신들이 쉬었다 가는 공간으로 그곳을 대체할 만한 곳이 없으니 그것을 생각하면 딱한 것이다. 난감해서 한 발 물러섰다.

"할머니, 차가 지나가서 위험하긴 하네요. 할머니들 다치시면 어떡해요? 몸도 약하신데. 이보다 좋은 장소도 없으니 조금 안쪽으로 의자를 정리하여 자리를 잡으세요."

"그렇긴 혀. 아이고, 동장님 바쁘신데 어서 가쇼."

어떤 할머니는 이웃집의 아주머니가 개를 안 묶어서 온 동네 다니면서 볼일보고 다닌다며 이야기 해달라고 하고 어떤 분은 고물 줍는 이웃이 새벽부터 깡통을 정리하는 바람에 시끄러워서 잠을 잘 수 없다고 대신 이야기해달라고 하신다. 어떤 때는 나를 불러서 이야기해주시는 마음이 고맙기도 하지만 과연 내가 다 감당할 수 있을지 걱정이 된다.

자식들은 생활비 안 보태줘요. 오히려 제가 아이들에게 용돈을 주죠.
제 생활비는 생활이 어려운 세입자들이 줘요.
세입자들이 내게는 고마운 사람들입니다.

2. 독산3동 사람들

우리 동네

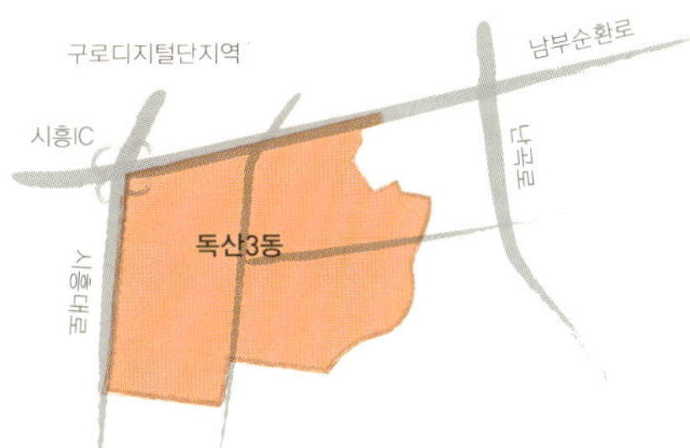

독산3동은 관악구와 경계를 이루는 지역으로 금천구의 북동쪽에 위치하고 있다. 동쪽에는 관악산 자락이 있고 서쪽 경계에는 시흥대로가 지나고 북쪽 경계에는 남부순환도로가 지나고 동네 중심에 남문시장이 있다. 한 마디로 교통 좋고, 공기 좋고, 전통시장이 있어 서민들이 살기에는 그지없이 좋은 동네다.

그동안 재개발지역으로 지정되어 재건축이 제한되어오다가 최근에 재개발지역에서 해제되면서 여기저기에서 주택을 허물고 연립들을 짓고 있다. 아파트가 군데군데 있지만 우리 동은 80~90년대에 지어진 다가구주택이 주를 이루고 있다. 이들 주택은 전세를 얻지 못하는 서민들과 다문화가족들의 안식처가 되고 있고 많은 집주인들은 그들의 월세로 생활하고 있다. 집을 가진 자와 집에 세들에 사는 사람들이 서로 의지하며 살아가는 곳이다.

우리동 주민센터는 다가구주택이 밀집해 있는 남문시장 동쪽, 독산동 20미터 도로변에 위치하고 있다. 주민센터는 2012년에 준공하였는데 헬스장과 강당, 강의실을 갖춘 5층으로 된 제법 규모가 큰 건물이다. 주민센터 5층에 있는 헬스장이 6시부터 시작하기 때문에 아침 일찍 문을 연다. 아무래도 일찍 출근하는 헬스코치가 문을 열지만, 아주 가끔은 내가 문을 열기도 한다.

하루는 문을 열자마자 주민 한 분이 기다렸다는 듯이 급히 들어와서 깜짝 놀랐다. 문이 열리자마자 들어온 주민은 화장실로 향했다. 공동화장실을 쓰는 다가구주택에 살고 있는 주민들이 주민센터에 화장실을 사용하러 오고 있었던 것이다.

독산3동 주민센터 화장실은 주민들이 편안하게 이용하는 장소다. 게다가 독산3동 주민센터가 눈에 잘 띄는 도로변에 있다 보니 지나가다가 화장실에 들르는 사람이 참 많다. 택시기사들도 이용하고 버스정류장에서 버스를 기다리던 분들도 이용한다. 주민센터 인근에 학교가 많다보니 학생들의 출입도 많다. 여학생들이 주민센터 화장실에 들러 화장을 고치고 가는 경우도 많다.

주민들이 편하게 이용하는 시설은 화장실뿐이 아니다. 주민들과 주민센터 사이에 거리감이 별로 없다. 주민들은 필요한 것이 있으면 주민센터에 와서 이용할 수 있는지 부탁을 하고 집에 넘치는 것이 있으면 가져다준다. 얼마 전에는 주민 한 분이 김치를 많이 담았는데, 주민센터에 가져다주면 가장 잘 나누어줄 것 같다며 20kg이 넘는 김치를 주고 갔다. 우리는 그 김치를 무료급식소에 가져다 드렸다.

동네 어린이집에서 헌 동화책이 많다며 100여권의 동화책을 주민센터로 가져왔다. 책들이 너무 깨끗하고 좋아서 줄 곳이 있는 지 찾아보니 인근 초등학교 돌봄교실 선생님이 아이들이 읽을 책이 많았으면 좋겠다고 해서 그 책들을 학교에 가져다주었다. 주민들이 넘치는 것을 가져다주면 주민센터는 부족한 곳을 채우면서 정을 쌓는다.

많은 사람들이 주민센터를 이용한다. 1,000명이 넘는 사람들이 자치회관 프로그램을 이용하고 하루에도 200명이 넘는 사람들이 민원서류를 발급받고 팩스를 쓰고 복사기를 쓰기 위해 주민센터를 찾아온다. 주민센터 프로그램을 이용하기 위해 찾아오고, 어렵고 힘드니 도와달라고 찾아온다.

이웃을 돕기 위해 주민센터를 찾는 사람도 많다. 시장에서 장사를 한다며 어려운 사람들에게 나누어주라며 100만 원어치 쌀을 사다주면서 다른 사람들에게 비밀로 해달라고 부탁하고, 어려운 학생들에게 장학금을 주라며 매월 수십 만 원을 흔쾌히 내어준다. 형편이 좋은 분들도 있지만 본인도 어렵지만 어려운 사람들을 위해 써 달라며 돈을 내어 놓는 분들도 있다.

독산 3동이 그런 동네다. 있는 사람과 없는 사람이 어우러져 살아가고 어려운 사람이 자신의 어려운 처지를 생각하며 이웃을 돕는 따뜻한 동네다. 가끔 주민센터에 와서 한바탕 소란을 피워 일을 못하게 만드는 사람들도 있지만 주민센터 옥상에서 상자 텃밭을 가꾸고 그곳에서 나오는 야채를 어려운 이웃들에게 나눠주는 사람들이 있고 아무런 대가를 바라지 않고 이웃집 자녀들을 위해 책을 읽어주는 사람들이 많은 동네다. 한 마디로 '인정 많고 사람냄새가 나는 마을'이다. 일을 마치고 집에 돌아와서 홀로 앉아 하루 일을 생각하노라면 웃음이 나오고 저절로 마음이 따뜻해진다.

주민은 바다

내게 있어 주민은 바다다. 주민을 만나면 만날수록 바다가 자꾸 생각난다. 넓고 넓은 곳, 도전을 생각하게 하는 것, 고요하지만 그 안에는 수많은 생명체가 살고 있는 곳. 우리가 살아갈 수 있도록 많은 것들을 주는 곳, 거친 파도를 일으키면 저항하기 힘든 상대. 내게 주민들은 바로 그 바다와 같다.

내가 동장으로 와서 처음 주민을 만났을 때 다들 시큰둥하였다.

마치 바닷가에 있노라면 멀리서부터 밀려 들어오던 물결이 와락 달려들지 않고 살짝 와서 발을 적시고는 샐쭉해져서 사라져버리는 그런 느낌이었다. 사람들이 흔히 이야기하는 '간만 보고 가는' 그런 모양이었다. 그래서 조금은 낯설고 서운하였다.

시간이 지나면서 겪다보니 주민은 어떤 때는 격렬하고 어떤 때는 뜨겁고 또 어떤 때는 다정하다. 거친 파도가 되어 바위를 철썩철썩 때리며 자신의 의견을 주장하고 때로는 바닷물을 따라 살랑살랑 발을 간질이는 고운 모래알이 된다.

세월의 흐름에서 느낀 것이 있다면 바다가 우리가 거스를 수 없는 자연인 것처럼 주민도 내가 거역할 수 없는 존재라는 것이다. 바닷물이 정답게 왔다가 살포시 떠나가든, 격렬하게 바위를 때리든 그것을 우리가 받아들일 수밖에 없듯, 주민들이 내게 다정하든 거칠든 인정할 수밖에 없는 것이다.

동장이 뭐예요?

한 여름, 공원에서 아이들이 놀고 있어서 다가가니 한 아이가

"안녕하세요?" 라고 반갑게 인사한다. 아이들의 인사는 반갑기도 하고 고마웠다. 그래서 나를 어떻게 아느냐고 물었다.

"지난 번 동사무소 옥상에서 감자 캘 때 봤어요. 아줌마가 올라오니까 엄마들이 와~ 그러면서 막 좋아했어요. 그런데 아줌마는 뭐

하는 사람이에요?"

"응, 나는 동장이란다."

"아, 동장! 그런데 동장이 뭐예요?"

골목길에서, 놀이터에서, 혹은 지역아동센터에서 만나는 아이들에게 가장 많이 듣는 질문이다. 사실, 그 질문을 받으면 좀 난감하다. 한 두 마디의 말로 설명할 만큼 내 머릿속에 정리되어 있지 않기 때문이다.

"아, 여러분! 학교에 교장선생님 있지요? 우리 독산3동에도 동장이 있는 거예요. 저는 독산3동장이에요. 알겠죠?" 라고 간단하게 대답한다.

옆에 어른이라도 있으면 한 마디 거든다. "옛날로 치면 고을 원님이에요."

아이들은 동장이 무엇인지 확실히 알았다는 듯이 활짝 웃으며,

"그럼, 짱이네요. 와, 대단하다." 라고 이야기하고는 아무 일도 없었다는 듯이 자기들끼리 어울려 논다.

지금의 동장은 예전의 원님과는 많이 다르다. 원님이야 행정뿐 아니라 사법까지 동네에서 일어나는 모든 일들을 다루었지만 동장은 행정의 제한적인 부분을 다루고 있을 뿐 아니라 원님보다 격이 훨씬 낮다. 게다가 동장이 관할하는 행정 업무는 동사무소에서 주민센터로 전환되면서 많이 축소되었다.

지금의 동 주민센터에 남아 있는 일은 민원서류 발급과 복지업

무, 청소업무 정도다. 다른 일들도 담당은 있지만 실질적으로 업무를 추진하기보다는 구청에서 내려오는 요청에 따라 협조하는 수준이다. 그럼에도 불구하고 많은 사람들이 동장을 예전의 원님으로 생각하며 그에 맞게 대접하려고 한다.

동장을 고을 원님쯤으로 생각하는 사람들은 동장이라는 이유만으로도 경외한다. 인사를 드리거나 찾아뵈면 굉장히 송구스러워한다. 어떤 분은 누추한 곳을 찾아주셔서 감사하다며 큰절을 하고 또 어떤 분은 동장이 방문했다는 사실 하나로도 영광스럽게 생각하며 감사하다고 인사를 연신 한다. 한 마디로 동장을 특별한 사람으로 대우한다.

반면에 동장을 나그네 정도로 생각하는 주민도 의외로 많다. 그들은 동장에 대해 큰 기대를 하지 않는다. 그래서 새로 온 동장이라고 인사를 하면 이번 동장은 얼마나 있을 건지 묻기도 하고 어떤 동장이 좋았고 어떤 동장은 싫었다는 평가를 한다.

동장의 보직 경로를 보고 능력을 미루어 평가하기도 한다. 그들은 능력 있는 동장이면 좋지만 아니어도 할 수 없다고 생각하는 듯하다. 결국 동네를 지키는 것은 주민이라고 생각하기 때문에 주인의식이 강하다. 어른들에게는 동장이 동네에서 가장 높은 어르신이든 나그네이든 나름대로 기준이 있는 것이다.

동장으로 임용되어 일하는 내내 "동장이 뭐 하는 사람인가?"라는 질문은 골목길에서 만나는 아이들이 내게 던지는 질문이자 내 스스로에게 끊임없이 물어보는 말이 되었다. 학생들에게 대답한 것처럼 동에서 일어나는 모든 소소한 일들을 챙기고 동네를 대표하는 사람인 것일까? 아니면 동사무소에서 처리하는 일에 대한 총괄 책임자에 불과할까? 만약 내가 동사무소에서 일어나는 일만 책임지는 사람이라면 동장이 아닌 센터장이라는 호칭이 맞는 것 아닐까?

그런데도 나는 센터장이라고 불리지 않고 동장으로 불리고 있으며 많은 사람들은 동 주민센터에서 처리하지 않는 수많은 일을 상의하기 위해 나를 찾아온다. 주거환경 개선사업을 상의하러 오고 골목길에 세워져 있는 리어커때문에 위험하니 단속해 달라고 이야기한다. 또 어떤 이는 어려운 사람을 도와달라고 이야기 한다. 주민들은 동 주민센터에서 처리하는 일이든 아니든 동네에서 일어나는 일들에 대해 의논하고 처리해줄 것을 요구하는 것이다.

작년 겨울, 불우이웃돕기 성금을 기탁하러 동 주민센터에 방문하신 분이 내 명함을 받아 들고 "동주민센터니까 동장이라는 말보다는 '센터장' 이라는 말이 맞는 것 같은데요?"라는 질문을 한 적이 있다.

"동사무소일 때 '소장' 이라고 불렸어야 하는데 그 때도 '동장' 이라고 불렸어요. 아마, 단순히 사무실을 대표하는 것이 아닌가 봐요." 라고 답했더니 그런 것 같다며 바로 고개를 끄덕이셨다.

동사무소라고 불릴 때도 소장이라 불리지 않은 것처럼 주민센터로 바뀌었음에도 동장이라는 호칭을 계속 사용하는 것에 대해 의미를 부여해본다. 주민들이 원님처럼 생각하든 나그네로 생각하든 동장은 동사무소에서 일어나는 일뿐 아니라 동네 구석구석을 살피고 사람이라고 생각을 해본다.

거리에서 만나는 사람들

각종 단체 회원들을 만나고 순찰을 돌면서 아는 사람들이 하나 둘 늘어났다. 시력이 나쁜데다 눈썰미까지 안 좋아 사람들을 잘 알아보지 못하는 때가 많다. 그래도 이 분들은 행사장에서 만나거나 길거리에서 만나면 우리 동장이라며 반가워하고 챙겨준다. 처음에는 많은 사람들이 나를 안다는 것이 어색하고 민망하였는데 시간이 흐르면서 주민들을 만나는 순간순간이 즐겁고 정다운 일이 되었다.

그저 손을 잡고 반가워하시는 분, 쌀이나 김치를 달라고 이야기하는 분, 겨울이 되면 전기요나 집수리를 부탁하는 분도 있다. 어떤 주민은 직원이 일을 잘하니 칭찬 좀 해주라고 말하고, 또 다른 주민은 직원이 너무 불친절하니 이야기 좀 하라고 말한다.

처음에는 내가 과연 그 분들에게 쌀 한 포를 드리는 일이 가능한지, 전기요를 챙겨 줄 수 있는지 몰라 마음이 불편하였다. 그래서 거리에서 혹은 무료급식소에서 내가 할 수 없는 일을 해달라는 사람들을 만나게 될까봐 은근히 걱정되었다. 하지만 할 수 있는 일은 즉시 반응해주고 할 수 없는 일은 해드릴 수 있는 방법이 있는 지

고민하다보니 주민들은 자신들의 이야기를 고민해주는 것 자체를 고마워했다.

서로 인사를 하고 아는 척하면서 가장 좋은 것은 동네에서 일어나는 여러 가지 일들에 대한 정보를 들을 수 있다는 점이다. 노점에서 장사를 하는 할머니에게 "할머니, 요즘 장사가 어떠세요?" 라고 여쭤보면

"뭐, 그냥 그렇지. 내가 아파서 오래 일을 못해. 내가 나이도 있고 다치는 바람에 우리 애들이 많이 걱정해."

슈퍼나 세탁소, 혹은 골목길에 사람들이 모여 있는 곳에서 "혹시, 주위에 힘들게 사는 분 알고 계셔요?" 라고 물으면

"우리 집에 세 들어 사는 사람이 형편이 어려운 모양이야. 몇 달째 세를 안 내고 있는데 뭘 먹고 사는 지도 모르겠어."

"아, 저 골목에 사는 할아버지는 반찬도 없이 식사해요. 동네 사람들이 가끔씩 반찬을 가져다주기도 하는데 뭐라도 있으면 동에서 좀 챙겨주셔야 할 것 같아요." 라고 답하기도 한다.

이런 식으로 골목길에서 만나는 주민들은 자신에게 일어난 이야기도 하고 이웃사람들 이야기도 해주고 궁금한 일들을 물어본다. 큰 사건을 이야기 하는 것도 아니고 많은 정보를 주거나 요구하는 것은 아니지만 이들을 통해 동네 이웃의 이야기를 알게 되는 것이다.

나는 동네를 돌면서 만나는 주민들이 참으로 따뜻하고 정겹게 느

껴지기 시작했다. 직원들에게 말도 안 되는 일을 가지고 큰 소리로 소란을 피우는 소위 '진상민원인'이 주민센터에 나타나지 않으면 혹시 아픈 것은 아닌지 걱정이 되기도 했다. 나만 그런 것이 아니었다. 직원들도 그런 것 같았다.

"동장님, 00아저씨가 요즘 통 보이지 않아서 걱정이 되어 집에 다녀왔어요. 창으로 봤는데 밥상 위에 식사를 한 흔적이 있어요. 별일은 없는 것 같아요."

잘 살고 있는 이야기도 아니고 유쾌한 이야기가 아닌데도 그런 이야기라도 들으면 안심이 된다. 힘들게 살고 계시지만 그래도 살아주심이 고마웠다. 나와 직원이 유난히 자애심이 많아서 그런 것이 아니다. 아는 누군가에 대해 걱정하는 생기는 마음. 그게 사람의 마음이 아니겠는가?

우리에게 행패부리지 않고 술도 끊고 열심히 일해서 수급자를 탈피했으면 좋겠건만 안 되는 것을 어떻게 하겠는가? 그저 어려운 대로 살아 있음에 감사하고 생활하고 있음에 감사했다. 무료급식소에 들러 그분들이 식사라도 하고 갔는지를 물어보고 혹시, 맛있는 음식이 있으면 잘 챙겨달라고 말씀드리게 된다. 내 마음에서 세월을 느끼게 된다.

며칠 전에는 특별한 일 없이 동네를 돌아보았다. 날씨가 추운 탓에 사람들은 많지 않았다. 느슨한 마음으로 길을 지나가는데 깔끔하게 차려입은 아주머니 한 분이 반갑게 인사한다.

"동장님, 어디 다녀오세요. 저는 김00입니다. 우리 동네를 너무나 따뜻하게 살펴주셔서 감사합니다. 동장님 덕분에 동네가 좋아졌다고 소문이 났어요."

"아이고, 무슨, 별 말씀을...."

나는 누군지도 잘 모르는데 너무나 반갑게 인사하니 황송하여 몸 둘 바를 모르겠다. 위풍당당 정치인도 바꾸기 힘든 세상을 소심한 내가 바꿨을 리가 없지 않은가?

'주민!' 내가 참으로 경외심을 가지고 바라봐야할 사람들, 항상 만나야 하는 사람들, 무심한 것 같으면서 따뜻한 사람들, 모르는 것 같으면서 더욱 깊이 느끼는 사람들, 못난듯하면서도 역사의 흐름을 만드는 사람들이 주민인 것이다. 공무원의 입장에서야 구청장님과 상관들의 칭찬을 듣는 것이 좋을 것 같지만 동장의 입장에서는 주민들의 칭찬이 최고다.

동장과 과장 중 어느 것이 좋은가요?

골목길에서, 경로당에서 혹은 각종 행사장에서 주민을 만나면,

"안녕하세요, 독산3동장입니다."라고 인사를 드린다. 아무래도 주민과 친해지고 나를 알리는 데 가장 좋은 방법은 인사 같다. 동장이 여자라는 이야기를 들어본 사람들은 "아, 새로 오신 동장님이세요?"라고 반갑게 인사를 한다. 하지만 많은 분들이 자신 앞에

서있는 아줌마를 '동장' 이 아닌 '통장' 으로 생각하고 "통장이 바뀌었나? 어째 처음 보는 얼굴이네?" 라고 말씀하신다.

만남은 어색하게 시작해도 다시 만나면 그분들이 먼저 알은 체를 하신다. 여자 동장이라 쉽게 각인이 되는 모양이다. 어떤 날은 동네에서 있었던 일들을 이야기해주고 어떤 날은 어디에 사는 누군가 무척 힘들다며 꼭 도와줘야 된다며 신신당부하신다. 어떤 날은 동네 구석구석을 다니면서 고생하는 모습을 보니 안타깝다며 고생 그만하고 구청으로 들어갔으면 좋겠다고 말씀하신다.

어서 구청에 들어가라는 이야기를 하면서 구청이 좋은지 동 주민센터가 좋은지 내 의향을 살짝 물어보신다. 구청의 과장과 동 주민센터의 동장 중 어떤 보직이 더 좋은 지 무척 궁금한 모양이다.

아이들이 묻는 질문 중 가장 많은 것이 '동장이 무얼 하는 사람이냐' 는 것이라면 어른들이 묻는 질문 중 가장 많은 것은 '과장과 동장 중 어느 것이 더 좋냐' 는 질문이다. 사실, 구청과 동주민센터 중 어느 곳이 더 좋은 지 궁금하기는 가족들도 마찬가지다.

내가 동사무소로 발령이 나자 시부모님과 친정 언니들이 걱정하였다.

"어째, 동이 더 좋은 거냐? 어서 구청에 다시 들어가야 할 텐데."

"혹시, 뭐 잘못해서 동으로 간 것은 아니지?"

"엄마, 할머니랑 할아버지께서 자꾸 걱정하셔. 엄마가 힘들어

보이는지도 물어보고, 집에 일찍 들어오는지 물어봐."

반면, 남편은 가족들의 걱정은 아랑곳하지 않고 동장 일을 열심히 하라고 한다.

"동장도 기관장인데 사무관 중에 유능한 사람이나 승진할 사람이 열심히 일하는 것이 옳다고 생각해. 네가 주민들을 정성껏 살피면서 일했으면 좋겠어. 주민들이 동사무소 돌아가는 것에 대해 얼마나 잘 알고 있는지 모르지? 주민들은 동장이 잘하는지 못하는지 귀신같이 알거든. 동장이 동네일을 잘못하면 발령이 있을 날만을 기다려. 동장이 일을 야무지게 못하면 동에서 하는 일에 협조를 잘 안 해. 그러면 구청도 일을 잘 할 수 없는 거야."

남편은 동장의 역할이 중요하다는 소신이 확실하다. 거기에다 직원의 경우도 구청보다는 동 주민센터에 있는 직원이 더 능력이 있어야 한다고 생각한다. 주민과 가장 가까이에 있는 공무원이 유능해야 구청에 찾아가거나 일의 분별을 따지지 못하는 힘든 주민들이 혜택을 받을 수 있다는 것이다.

우리 구의 경우 구청과 동사무소에 직원들이 순환근무를 하게 하고 있지만 동 주민센터에 유능한 직원들을 우선하여 배치하지는 않는다. 오히려, 예전에는 유능한 직원을 구청에 우선 배치하는 경향이 있어서 동 주민센터에서 근무하는 직원이 인정받지 못하는 경향이 있었다. 동 주민센터를 찾아오는 민원인들이 구청을 찾는 민원인보다 더 거친 경향이 있고 현장 일이 많다 보니 직원들도 구청근무를 선호해왔다.

그러한 상황이 반영되어 직원들끼리도 동 주민센터에 근무하는 직원을 '똥 직원', '똥 서기' 라고 부르기도 했다. 미혼인 남자 직원이 장가가려면 구청으로 발령내달라고 인사팀에 와서 고충상담을 했다고 한다. 함께 근무하는 팀장도 총각 때 처가에서 동사무소 근무한다는 이유로 결혼을 반대하여 고충상담을 하였고 구청으로 발령이 난 다음에야 결혼허락을 받았다고 한다.

동사무소에 근무하는 직원들은 아무래도 필요시 현장에 바로 투입되어야 하는 관계로 옷을 잘 차려 입는 경우도 드물다. 골목이 더러우니 청소해달라는 민원을 받으면 수시로 나가야 하고 비가 오면 빗물받이를 덮고 있는 장판을 치우고 눈이 오면 눈을 쓸어야 하는 처지이다 보니 특별한 행사가 있는 날이 아니면 정장을 입지 않는다.

나 또한 동사무소에 발령을 받고 처음 며칠은 정장을 입다가 바로 편한 복장으로 바꿨다. 우선 순찰을 자주 돌아야 되는데 구두를 신고 돌아다니다 보니 다리가 너무 아파서 견딜 수가 없었다. 그래서 운동화를 신게 되었고 운동화를 신다보니 정장을 입는 것이 어색해졌다. 외모를 보고 사람을 차별한다고 하면 과한 표현일수도 있지만 정장을 입은 사람을 대할 때와 티나 잠바를 입고 있는 사람에 대할 때의 마음가짐이 다른 것은 사실이다.

이를 증명이라도 하듯이 동사무소에는 흔히 이야기하는 진상민원인도 자주 찾아온다. 구청에서는 1년에 한 번 있을까 말까한 민원인이 어떤 때는 하루에도 몇 차례씩 찾아온다. 이유가 있어서라기보다는 정신질환이 있는 경우가 대부분이었다. 이들은 공통적으로 직원에게 한바탕 욕을 퍼붓거나 말도 안 되는 민원서류 발급을 요구한다. 우울증을 앓고 있거나 알코올 중독자로 술을 잔뜩 마시고 오기 때문에 정상적인 대화도 불가능하다. 심한 날에는 경찰을 불러야 일이 마무리되었다.

그럼에도 동장과 구청 과장 중 어느 것이 더 좋은지 물으면 동장이라고 말하고 싶다. 겉으로 볼 때는 주민들과 부대끼며 살아가는 과정들이 힘들어 보이고 그다지 폼이 나지 않는 것 같지만 동장으로 느끼는 독특하고 애틋한 감정이 있다. 동 주민센터는 행정의 최일선 기관으로 늘 주민과 부딪히며 생활하는 곳이고 내가 부지런히 움직이면 그만큼 주민들에게 혜택이 갈 수 있다. 동장은 그 최일선 기관의 장으로서 자신의 가치관을 가지고 하고 싶은 일들을 지휘할 수 있는 것이다.

게다가 동장은 매우 귀한 자리다. 동장이라는 보직은 구에 소속되어 있는 사무관만이 누릴 수 있는 특수한 보직이기도 하다. 한 마디로 아무나 할 수 없는 보직이다. 시청에서 수 십 년을 근무한다고 해도 동장은 할 수 없는 보직이요, 중앙 공무원의 경우도 마찬가지다. 오로지 구에 근무해야만 할 수 있는 것이다. 그러니 동장은 특수성과 희귀성만으로도 충분히 가치 있고 멋진 보직이다.

주민센터 옥상에서 춤추는 사람들

독산3동 주민센터 옥상은 금년 여름이 되면서부터 헬스를 마치고 차를 마시는 어르신들의 쉼터가 되었다. 옥상에 있는 태양광 전지판 아래 평상을 놓고 나서부터다. 평상을 만드는 것은 옥상에서 텃밭을 가꾸는 배추흰나비 동아리 회원들이 먼저 제안했다. 그들은 주민센터를 철저히 이용하기를 원했다.

주민센터 옥상에서 주민들과 함께 밥을 나누어 먹는 파티도 하고 여름밤이면 의자를 놓고 영화를 볼 수 있었으면 좋겠다고 했다. 옥상의 태양광 전지판은 적당한 그늘을 만들고 있었고 규모도 제법 커서 그 아래 공간을 이용하면 안성맞춤일 것 같았다.

그래서 금년 봄, 서울시에서 공모하는 공유 공간을 함께 사용하기 사업에 응모했다. 하지만 그들이 제출한 제안은 채택되지 않았다. 그래서 낙담하다가 구청에 이야기했고 구청에서 옥상에 평상 두 개를 만들어 주겠다는 답을 받았다. 극성스런 동네 아줌마들 덕분에 주민센터 옥상에 평상이 생긴 것이다.

평상 설치하는 모습

헬스장을 이용하는 어르신들은 옥상에 평상이 놓인 것을 모르셨는지 헬스가 끝나면 헬스장 앞에 있는 의자나 계단 끝에 앉아서 차를 마셨다. 그리고 나를 만나면 계단에 테이블과 의자를 놔달라고 성화를 대셨다. 그래서 옥상을 이용하시라고 했다. 어르신들은 옥상을 보시더니 너무 좋아하셨다.

"세상에 이렇게 좋은 데가 있었는데 여태 몰랐네 그려."

"평상을 놓은 지 며칠 안 되었어요. 편안하게 이용하세요."

다음 날 아침이 되자 헬스장을 이용하는 어르신들이 나를 옥상으로 오라고 부르셨다. 업무를 정리하느라고 시간이 늦어지자 어르신 한 분이 나를 데리러 사무실에 직접 내려오셨다. 성화에 못 이겨 올라가보니 떡과 과일이 있고 비빔밥이 잔뜩 있었다. 마치 잔칫상처럼 차려있었다. 아침식사를 하고 왔다고 해도 소용이 없었다. 무조건 과일도 먹고 밥도 먹어야 한다고 했다. 자신들이 차를 마시고 쉴 수 있는 공간이 생겨 너무 좋아 잔치를 벌였다고 하셨다

어르신들은 여름 내내 평상에서 차를 마시고 밥을 해 와서 나눠 먹고 노래를 부르고 춤을 추며 놀았다. 함께 밥을 먹자고 이야기하면 각자 한 가지씩 가지고 왔다. 누군가는 밥을 가져오고 또 누군가는 오이지를 가져왔다. 굳이 무엇을 가져오라고 말을 하지 않아도 겹치지 않았다. 그렇게 한여름 내내 함께 먹고 노래를 부르고 춤을 추며 놀았다. 평상을 설치한 지 며칠 지난 것 같지도 않은데 벌써 겨울이 걱정이다.

[배추흰나비 제안서 일부]

주민센터 어디까지 공유해봤니?

□ 사업개요

○ 추진배경

- 독산3동은 주택 밀집지역으로 공유공간에 대한 욕구가 높음.
- 동주민센터가 주요도로에 인접하여 접근성이 좋아 어른, 어린이, 다문화가족이 어울릴 수 있는 최적의 장소임.
- 2013년부터 마을공동체 사업에 참여하고 있는 '배추흰나비'에서 공간공유 사업을 희망하여 본 단체와 연계해 진행하고자 함.

○ 사업기간 : 2015. 3월 ~ 2015. 11월

○ 사업 추진 공간 : 금천구 독산3동 주민센터 옥상

○ 운영 주체 : 독산3동 마을공동체 배추흰나비

○ 추진 내용 (가칭 : 별자리-별이 머무는 자리)

- 옥상텃밭에 공유 공간 쉼터 조성
- 영화 공유 및 재능 나눔, 밥상 모임
- 텃밭을 활용한 안전한 먹거리 나눔

○ 추진 방법

- 단계별 추진을 통해 공간 조성 후, 공간공유를 기반으로 마을공동체 확대 추진

□ 세부 추진계획

○ 3월 ~ 4월 쉼터 공간 및 옥상텃밭 조성

○ 4월 텃밭 공유(텃밭재료 이용 먹거리/모종 공유)

○ 5월 "가정의 달" 별자리 영화제(지역주민과 영화 공유)

○ 6월 텃밭재료 이용해 반찬 만들기

○ 9월 무엇까지 공유 해봤니? (재능기부 공유)

○ 10월 밥상 모임

○ 11월 텃밭재배 김치 담그기

□ 기대효과

○ 주민센터를 활용한 주민과의 소통 확대 및 주민 만족도 제고

○ 공유를 통한 주민들의 지역 내 공간 변화에 참여 유도

○ 공감 · 공유 · 소통을 통한 세대공감 및 나눔문화 확산

○ 어른, 어린아이, 다문화가족 등이 어울릴 수 있는 공유공간 조성

알코올 중독자

우리가 주민센터에서 가장 자주 만나는 사람은 기초생활수급자들이다. 그도 그럴 것이 매분기마다 쓰레기 종량제 봉투를 받으러 오기도 하고 정부양곡을 신청하러 오기도 하고 수시로 있는 임대아파트를 신청하기도 하는 등 한 달에도 몇 번씩 주민센터를 방문할 일이 있는 것이다. 게다가 종종 우리가 찾아가기도 한다. 자주 만나다보니 정도 들고 안보이면 걱정된다. 마찬가지로 그들도 정이 그립거나 외로울 때는 주민센터를 찾는 것 같다.

2015년 설 연휴 전날, 아침부터 주민센터가 어수선하였다. 아침부터 술에 잔뜩 취한 장달수(가명)씨가 사과 한 박스를 가져와서 사회담당직원들과 싸우고 있었다. 장달수씨는 동네를 청소하고 생계비를 받는 자활근로자였다. 그는 술을 마시는 날이 많아 일하지 못하는 날이 많았고 그 만큼 생활도 어려웠다. 게다가 술을 마시면 동사무소에서 와서 소란을 피우는 말 그대로 진상민원인이었다.

50대 중반으로 많지 않은 나이임에도 치아도 다 빠지고 몇 개 남지 않아 실제 나이보다 훨씬 더 들어 보였다. 게다가 밥보다는 술을 마시는 지라 비쩍 말라 있었다. 직원은 장달수씨가 술을 끊고 일을 할 수 있도록 하기 위하여 병원에 가자고 설득도 하고 술을 마시면 일을 시키지 않는 등 갖은 노력을 하였으나 장달수씨의 술은 줄지 않았다.

그런 장달수씨가 자신의 마음이니 사과 한 박스를 받아달라고 가져 온 것이다. 직원은 받지 않겠다고 하였고 그는 주겠다고 싸우고 있었는데 사무실이 시끄러워 일을 할 수 없는 지경에 이르렀다. 직원이 받지 못하겠으면 겨우내 어려운 사람들에게 쌀을 나누어 주느라 고생한 사회복무요원에게 주라고 하였다. 사회복무요원이라고 그 사과를 받을 리 없었다.

우리가 받기를 계속 거절하자 급기야 "자기가 나쁜 사람도 아닌데 왜 그러냐?"며 소리를 지르고 있었다. 결국 내가 나서서 사과를 받고 나서야 일이 해결되었다. 아침에 가까스로 돌려보냈는데, 저녁이 되자 사과 한 박스와 딸기 한 팩을 들고 다시 왔다. 하루 종일 술을 마신 모양이었다. 아침보다 더 취한 모습이었다. 큰 소리로 사과와 딸기를 받아 달라고 하였다. 아침에 사과 한 박스를 주민센터에 가져온 것을 기억을 하는지 알 수 없었다. 자신의 마음이니 받아달라고 했다. 이번에는 직원들끼리 나누어 먹으라고 했다. 다시 설전이 벌어졌고 과일을 다시 되돌려 보낸다한들 제대로 돌아갈 수 있을 지도 모를 일이었다. 하는 수 없이 가져온 물건을 우리가 받고 나서야 되돌아갔다.

사과와 딸기를 받고나니 사무실이 조용해지기는 하였으나 그 처리가 난감하였다. 더구나 들고 올 때 무슨 일이 있었는지 사과 박스를 덮고 있던 비닐은 찢겨져 있었고 사과 한 알도 사라지고 없었다. 설 연휴가 길어서 과일을 사무실에 놓으면 상할 텐데 그것도 걱정이었다. 소란을 잠재우기 위하여 하는 수 없이 받았지만 처리가 참으로 난감하였다. 돈도 없는 사람이라 그 과일들은 시장에서 외상으로 사왔을 것이 틀림없었다.

할 수 없이 설 연휴에 사무실에 나왔다. 사무실 근처에 살고 있는 직원에게 함께 일을 해결하자고 도움을 청했더니 흔쾌히 사무실에 나와 주었다. 먼저, 사과를 가져다 준 장달수씨에게 전화를 했다. 어제 일에 대해서 물어보니 전화기 너머로 들리는 목소리가 쩌렁쩌렁하다. 여전히 술이 깨지 않은 듯했다.

"저도 곧 일을 하기로 했구요. 고마운 마음에 드리는 거예요. 다시 돌려받을 마음이 조금도 없으니 제발 과일을 직원들과 함께 드셔요. 저도 열심히 일해서 3월에는 빚도 갚고 4월에는 적금도 넣을 겁니다. 저 지금 일을 하는 것 때문에 아는 형님 만나고 있습니다. 다시 돌려줄 생각 조금도 하지 마세요."

전화를 끊고 혹시나 하는 마음에 직원과 함께 집으로 찾아가보니 문이 잠겨 있었다. 하는 수 없이 시장을 뒤졌다. 장달수씨가 가져온 것과 같은 상자가 있는 과일가게를 찾아다녔다. 시장에 과일가게가 몇 개 안 되어 찾을 수 있으리라 생각하고 시장을 돌고 또 돌았다. 연휴전이라서 그런지 사람들이 너무 많아서 과일가게를 비집고 들어가 들여다보기가 힘들었고 사과포장과 딸기 포장이 같은 집을 찾기도 쉽지 않았다. 포기하고 돌아가려는 순간 아저씨가 가져온 것과 같은 과일을 파는 가게를 발견하였다.

사장님께 장달수씨가 과일을 사갔는지 물어보니 그렇다고 하였다. 그래서 사정이야기를 하였다. 공무원이 어려운 사람 돕지는 못할망정 받을 수는 없는 노릇이니 과일을 반품하면 안 되겠냐고 물었다. 사장님은 난감한 표정을 지으면 대답했다.

"그 분이 어렵기는 하지만 자존심이 있는데 내가 마음대로 하면 안 되지요. 어려운 사람 자존심을 건드리면 안 돼요. 그 사람, 사람들이 알코올 중독이라고 흉보는데 참 착한 사람이에요."

"사장님, 정 그러시다면 사과 한 박스와 딸기는 제가 살게요. 대신 사과 한 박스는 온전하니 반품을 받아주세요. 사장님이 장달수씨 마음 상하지 않게 잘 말씀해 주시면 되잖아요. 그리고 사장님이 외상값 받을 때 딸기 값과 사과 값을 받지 마세요." 라고 했더니 사장님이 알았다고 말씀하신다.

그날 이후에도 장달수씨는 동주민센터에 수시로 드나들었다. 항상 술에 취한 채 왔다. 그래서 직원들이 회의를 했다. 장달수씨의 알코올 중독을 한 번 치료해보자고 의견을 모았다. 업무 방해도 문제였지만 알코올 중독에 대한 치료가 필요하다고 생각한 것이다. 계속적으로 장달수씨를 설득하여 알코올 중독 치료를 하기로 했다.

처음에는 장달수씨가 약속을 어기고 안 나타났지만 꾸준히 설득하여 직원들이 장달수씨와 병원에 함께 갔다. 병원 치료를 받으니 술 생각이 잘 안 난다고 했다. 그래서 장달수씨가 알코올 중독 상태가 좋아진 것 같다고 직원들과 이야기 하고 있는데 술에 취한 장달수씨가 목발을 하고 나타났다. 일하다 다쳐서 보상금이 나왔는데 그 돈으로 술을 조금 마셨다고 했다. 그가 와서 다시 동사무소가 시끄러워졌고 직원들은 그동안의 노력이 수포로 돌아가는가 싶어 조바심을 내면서 지켜봤다.

희망도 주고 절망도 주면서 그렇게 천천히 장달수씨의 상태는 호전되어 갔다. 가끔 얼굴을 보면 웃는 얼굴로 인사도 하고 술을 줄이면서 일을 하러 나가는 날도 늘어났다. 인근 치과의 도움을 받아 무상으로 틀니도 해 넣었다. 두 번째 치과치료를 받으러 가는 날에는 직원들과 함께 치과에 동행하여 의사선생님과 상담을 하고 왔다. 그 다음 날 장달수씨는 양말을 사가지고 와서 다시 한 번 주민센터를 시끄럽게 했다.

"동사무소에서 그렇게 애써 주셨는데, 인사를 제대로 못한 게 미안하고, 고마워서 양말을 사가지고 왔습니다. 이것도 안 받아주면 마음이 너무 서운해서 이 양말 버릴 것 같은데 제발 받았으면 좋겠어요."라고 말했다. 직원들은 받지 않겠다고 했고 그 날은 술을 안 마신 덕분인지 장달수씨는 양말을 들고 조용히 집으로 되돌아갔다.

다음 날 장달수씨 전화가 왔다. 마침 사회담당이 없어 내가 전화를 받았고 어떻게 지내냐고 물어보았다. 치과 치료가 거의 다 끝나간다는 이야기를 하는데 전과는 너무 다른 목소리다. 장달수씨이야기를 사례로 정리하자고 했더니, 담당은 손사래를 친다.

"아! 아슬아슬해요. 또 다시 목발짚고 나타날까봐 걱정돼요. 그냥 가만히 있을래요."

동네쌀독을 채우는 사람들

어려운 사람을 돌보려는 마음은 인간의 마음 깊숙이 자리 잡고 있는 것 중의 하나인 듯하다. 게다가 쌀에 대한 마음은 조금 각별하다. 불우이웃돕기를 할 때 아무리 번거롭고 힘들어도 쌀로 하겠다는 분이 많다. 어려운 분들이 식사는 거른 채 술을 먹지 않도록 해야겠다는 마음과 최소한 쌀이 없어 밥을 못 먹는 사람이 없도록 해야겠다는 배고픔에 대한 인간적 배려가 깃든 결정이다.

그런 마음의 하나로 탄생한 것이 동네쌀독이다. 우리동 주민센터 앞에는 주민들이 가져갈 쌀을 주민들이 줄 수 있도록 동네쌀독을 두었다. 그 쌀독에는 아무나 채울 수 있고 누구라도 가져갈 수 있다고 적혀 있다. 하지만 동네쌀독이 자리하게 된 배경은 조금 건조하다.

시 복지담당 부서에서 동 중심의 마을복지사업을 하면서 어려운 사람이 가져갈 수 있도록 동네쌀독을 놓는 것에 대해 의견을 주었다. 우리 동 내부에서 자발적으로 나온 의견이나 결정이 아니었기 때문에 그다지 애정이 가지 않는 것이었다. 그저 '시에서 하는데 협조를 해줘야지' 하는 정도의 생각이었다. 말 그대로 우리가 원하는 사항이 아니라 체면상 혹은 도리로 '해주는 정도'의 일이었던 것이다.

처음에는 반신반의했다. 시에서 만들어준 쌀독은 동주민센터 앞에 놓고 아무도 채우지 않는 것은 아닌지, 채워도 아무도 가져가지 않는 것은 아닌지 걱정이 되었다. 말 그대로 애물단지가 되는 것은 아닌지에 대한 고민이 앞섰다.

쌀독이 도착한 2015년 7월 22일 아침, 직원들은 쌀독을 깨끗이 닦았다. 그리고 쌀을 채워야할지 말지 고민하다가 우선은 채워야 한다는 의견이 많아 쌀 50kg을 채워넣었다. 그런데 쌀독은 그날 밤 9시를 조금 지난 시간에 바닥을 드러냈다. 그것도 한 사람이 그릇을 가져와서 부지런히 담아갔다. 사람들이 수군거렸고 내가 그러시면 안 된다고 이야기하자 옆집에 사는 어려운 분을 가져다 드리려고 그런다고 답했다.

그 사람이 간 다음 사람들은 다른 사람을 위해 쌀을 가져간다는 말을 믿지 않았다. 정말 다른 사람들을 위해 부지런히 쌀을 가져다 날랐는지 아니면, 자신이 먹으려고 가져갔는지 잘 모르겠다. 분명한 것은 한 집에서 먹기에는 많은 양이라는 것이었다. 동 주민센터에서 빈 독을 계속해서 채우는 것도 어려운 일이었고 쌀독에 쌀을 채우고 하루가 지나기도 전에 비워지는 쌀독을 채우는 일이 의미 없이 느껴졌다. 그러고 나서 쌀독은 한참을 빈 채 있었다. 그러던 어느 날, 주민 두 분이 대화를 나누고 있었다.

"어머, 이런 게 있었네. 집에 있는 쌀을 좀 가져다 놔야겠다."

"그러면, 되겠네. 다음에 올 때 가져다 놓자."

그런 대화가 있은 지 얼마 지나지 않아 쌀독에 쌀이 채워져 있었다. 그러고 나서 또 며칠이 지나자 봉지에 담긴 쌀이 쌀독 옆에 놓여 있었다. 쌀 봉지 안에는 쪽지가 있었다. 본인도 도움을 받고 있는데 자신도 나누고 싶다고 하였다. 그렇게 쌀독을 채우는 일이 이어졌다. 그리고 누가 가져가는지 알 수 없었지만 쌀도 조금씩 줄어들었다. 처음처럼 한 사람이 많이 가져가지는 않았다.

누군가 쌀을 가져다 놓고 누군가 쌀을 가져가고 있었다. 돌이켜 생각해보면, 우리가 실적을 채우기 위해 쌀독을 채워줄 기부자를 찾아 부지런히 쌀독을 채웠다면 다른 사람을 위해 쌀독을 채워줄 사람들을 만나지 못했을 것이고 주민들의 따뜻한 마음도 알아내지 못했을 것이다.

〈동네 쌀독〉

반수공원 앞 노점 할머니

남문시장 옆에 반수공원이 있고 그곳에 문성경로당이 있다. 그곳은 문성경로당에 계신 어르신들이 수시로 청소하고 있는데도 공원 모퉁이는 사람들이 쓰레기를 가져다 놓아 항상 지저분하다. 쓰레기가 많은 모퉁이 근처에서 할머니 한 분이 좌판을 펴고 장사를 하고 있다. 육안으로 보기에도 관절이 안 좋아 다리가 휘어져 있고 걸음걸이도 조금은 뒤뚱인다. 그 몸으로 아침이면 남문시장이나 안양에 있는 남부시장에서 야채를 사와서 다듬거나 데쳐서 오후에 좌판을 편다. 처음에는 할머니가 야채를 손질한 후 나온 쓰레기를 그곳에 버린다고 생각했다.

누군가를 의심한다는 일은 불편하고 그 의심의 말을 표현하는 일은 쉽지 않았다. 그래서 "할머니, 혹시, 야채를 다듬거나 장사하시면서 나온 쓰레기를 그냥 버리시면 안 돼요."라고 조심스럽게 말씀드렸다.

할머니는 자신은 절대 그렇지 않다고 웃으면서 말했다. 자신을 의심하는 상당히 껄끄러운 질문인데도 할머니는 웃음으로 답하니 미안한 마음도 생기고 경계심도 사라졌다. 그 이후로 할머니 노점 앞을 지날 때마다 인사를 드리니 할머니도 덩달아 인사하신다. 추운 겨울날에도 나와 있었다. 그래서 할머니에게 힘들지는 않은 지, 혹시 주위에 어려운 분은 없는 지 여쭤보았다. 할머니는 그동안 남문시장에서 남의 가게 앞에서 깔세를 내고 장사를 하시다가 다쳐서 한 동안 병원에 입원하신 이야기며, 지금은 자식들 모두 분가시키고 돈을 쓸 일이 없다는 이야기, 자식들은 장사하지 말라고 한사코 말리지만 집에만 있으면 갑갑해서 나온다는 이야기, 야채를 다듬어 줘야 젊은 사람들이 사간다는 이야기, 집에 세 들어 사는 사람이 몇 년 째 월세를 안내고 살아서 밀린 돈이 1,000만원이 넘는다는 이야기를 했다.

“아이고, 그 사람, 아들하고 같이 사는 디, 통 일도 없는 것 같고 밥이라도 제대로 끓여 먹는지 모르겠어. 마음이 약해서 돈 달란 소리도 못 하겠고, 혹시 동에서 김치나 쌀이라도 주면 좋지. 아무튼 그 집 생각하면 복장이 터져 죽겠어.”

할머니 이야기를 듣고 그 집을 방문해보니 사는 것이 딱하였다. 아버지는 그 동안 건설 현장에서 노동일을 해 왔는데 요즘 건설경기가 안 좋아서 그동안 일한 임금을 모두 받지 못 하였다고 했다. 게다가 허리까지 다쳐서 일도 제대로 하지 못한다고 했고 아들도 일이 불규칙하여 소득이 적다고 했다.

조사를 마치고 보니 형편은 딱했지만 가족관계가 정리가 안 된 상태인데다 함께 살고 있는 아들도 근로 능력이 있어 지원해 줄 수 있는 것은 별로 없었다. 그 날로 새마을 부녀회에 부탁해서 담은 깍두기와 후원 들어온 김장김치 한 통, 지역에서 기부 들어 온 쌀을 지원해줄 수 있을 뿐이었다. 할머니에게 사정을 말씀드렸더니 “할 수 없제.” 하고 한 숨을 쉰다. 얼마 안 있어 할머니가 나를 부르더니 세 들어 살던 아저씨 이야기를 해준다.

“아, 그 아저씨, 이사 갔어. 그 동안 밀린 월세도 안 내고 전기세도 다 안 내고 갔어. 어쩌겠어. 그냥 말어야제.”

그 이후에도 나를 보면 반갑게 인사하며 야채 삶은 것이며 김치며 이것저것 손에 쥐어 준다. 이야기가 얼마나 구수한 지 거절도 못하고 받게 된다.

"동장 아줌마, 이것 좀만 가져가소. 내가 뭐라도 주고 싶어서 그랑께."

세입자의 월세는 집주인의 생활비

무단투기 쓰레기가 넘쳐나는 집이 있어 이야기를 나누려고 집주인을 찾았다. 집주인은 다른 곳에 산다고 했다. 주인이 안 살다보니 관리가 안 되어서 더럽다고 생각했다. 주인이 산다면 그렇게 집 앞을 더럽게 해 놓고 살 리가 없다. 그런데 옆집도 마찬가지였다. 그곳도 주인이 안 산다고 했다. 모두 같은 사람 소유였다. 다행히도 그 주변에 사는 사람들이 집주인이 어디에 사는지 알고 있어서 쉽게 찾을 수 있었다. 동사무소에서 왔다고 하자 집주인은 바로 문을 열어 주었다.

노부부 두 분이서 살고 계셨다. 할아버지는 80세가 넘었고 할머니는 70대 후반이었다. 이분들은 나를 반갑게 맞아주셨다. 살아가는 이야기며, 할아버지에게 치매 초기 증상이 있다는 이야기를 아무런 거리낌이 없이 해주셨다. 당신네 집이 지저분하다는 싫은 소리를 하러 갔는데 흔쾌히 들어주시며 관리에 더 신경을 쓰시겠다고 하신다.

며칠 후 그곳을 다시 둘러보니 골목이 전에 비해 몰라보게 깨끗해져 있었다. 게다가 대문기둥에는 '음식, 버리는 쓰레기는 종량제 봉투를 쓸 것. 동장님이 직접 보고 가셨음. 벌금 20만원' 이라고 손 글씨로 쓴 안내문이 붙어있었다. 글을 읽다보니 웃음이 절로 났다. 그리고 고마웠다. 나중에 이야기를 들어보니 집주인이 세입자들에게 봉투를 사서 주었다고 한다.

순찰 중에 그 골목을 걷다보면 집주인이 붙여 놓은 종이가 보이고 종이에 쓰인 글을 읽다보면 자꾸 웃음이 났다. 고마워서 다시 한 번 찾아뵙고 인사드려야겠다고 생각하면서도 선뜻 초인종을 누르는 것이 망설여졌다. 그렇게 시간을 보내다가 어르신들 건강도 점검할 겸 동에서 근무하고 있는 방문간호사와 함께 방문하였다. 계시면 다행이고 안 계시면 할 수 없다는 생각으로 연락도 없이 찾아갔다.

초인종을 누르고 동장이라고 했더니 문을 열어주셨다. 아니, 반가운 손님을 맞이하듯이 맞아주셨다. 어떻게 지내시는지 궁금해서 들렀다고 말씀드렸더니 며느리 같다며 좋아하신다. 가족사진을 보니 딸은 없고 아들만 둘이 있는 모양이다. 방문간호사가 할머니와 할아버지의 혈당과 혈압, 맥박, 심장소리를 점검해드리고 몇 가지 건강관리 방법을 이야기 해드리니 좋아하신다. 이런 저런 이야기를 하는 중에 할머니가 잠깐 자리를 비우시더니 10만원이 든 봉투를 가져오셨다. 이왕에 동장님이 오셨으니 어려운 이웃을 위해 써

달라며 주신다.

“이 돈은 세입자에게서 나왔습니다. 내게 생활비를 주는 사람이 세입자입니다. 우리 큰아들은 은행 지점장이고 둘째는 삼성에 다니고 있지만, 제가 아이들에게 용돈을 줍니다. 제게 돈을 주는 사람들은 세입자들이에요. 내게는 세입자들이 고마운 사람들입니다.

이 돈으로 어려운 사람들을 위해 써주시고 우리 집에 세 들어 사는 사람 중에 어려운 사람들이 있는데 좀 도와주세요. 000은 애가 6명이나 있는데 사는 게 힘들어요. 또 한 사람은 트럭장사를 하는데 트럭이 서 있는 날이 많아서 가끔 내가 물건을 팔아줘요. 며칠 전에는 장사도 안 나가고 있어서 무화과 한 박스를 샀네요. 000는 사는 게 영 힘든지 월세도 못 내고 전기세도 안 내고 그냥 달을 넘겨버려요. 우리가 어쩌겠어요? 그냥 넘어가야죠. 많이는 못 도와줘도 추석에 쌀 한 포라도 주시면 고맙겠습니다.”

어느 철학자가 이보다 더 따뜻한 이야기를 해 줄 수 있을까? 월세를 안 내도 모질게 이야기를 하지 못하는 분들이다. 비록 세입자의 월세로 생활을 하지만 가끔은 집주인이 세입자를 챙기고 지역사회에서도 신경써주기를 원하는 마음이 있는 사람들이 사는 곳이라면 따뜻한 곳이 아니겠는가?

동장은 VIP

동네를 돌아다니며 주민을 만나면 VIP 대접을 받는다는 것을 느끼게 된다. 주민들에게, 특히 어르신들에게 동장은 '우리 동네를 대표하는 사람'이라는 생각이 있는 것 같다. 행사장에서 만나면 '우리 동장님'이라고 부르며 좋아하고, 잔치가 있으면 꼭 불러준다. 어떤 때는 아흔이 넘은 어르신이 나를 만나면 극진히 인사를 하고 다른 사람을 제치고 내게 상석을 권할 때는 민망할 정도다.

하루는 방문간호사와 함께 월남전 참전 어르신을 방문하였다. 가는 길에 간호사는 그 분이 월남전 참전 후유증으로 고통을 받고 있었는데 전쟁이 지속되고 있다는 환상에 시달리고 있으며 불과 얼마 전까지도 창문을 모두 신문지로 가리고 문을 쇠사슬로 묶어 놓고 살았다고 알려주었다. 그 어르신은 집에서 노래 부르는 것을 좋아해서 노래방기기를 사놓을 정도니 집에 가면 어르신에게 노래 한 곡 해달라고 부탁하면 좋아하실 거라는 말도 덧 붙였다.

초인종을 누르니 비쩍 마른 어르신이 웃으면서 문을 열어주셨다. 집에 들어서니 창문에 신문지는 없었지만 방문 손잡이에는 여전히 쇠사슬이 있었다. 간호사가 자주 방문하면서 친분이 생겼는지 간호사가 묻는 말에 대답도 잘하고 웃어주어서 전쟁 후유증으로 고통을 받고 있다는 것을 믿기 어려울 정도였다.

간호사가 당과 혈압을 점검하고 난 후, 식사 상태와 요즘 어떻게 생활하는지를 물어보며 상담을 마쳤다. 내가 안부를 물으면서 왜 이리 마르셨냐고 물어보니 노래 부르며 펄쩍펄쩍 뛰다 보니 땀이 많이 나서 살이 안 찐다고 하신다. 간호사에게 들은 이야기가 있는지라 눈치 빠르게 노래를 불러 달라고 부탁드렸다. 그랬더니 어르신은 책상에 있는 신문과 잡지를 주섬주섬 가져다가 침대위에 늘어놓으며 왔다 갔다 하신다.

"아무리 집에서 노래를 불러도 준비하는 시간이 많이 걸려요. 그냥 혼자 노래를 부르면 재미가 없잖아요. 관객이 있어야 해요."

가만히 보니 신문과 잡지에는 박근혜 대통령과 아베 일본 수상, 오바마 미국 대통령을 비롯한 각국의 대통령과 대기업 회장님들의 사진이 실려 있다. 정 · 재계의 쟁쟁하신 분들이 어르신의 관객이었던 것이다. 어르신은 침대 위에 나름의 규칙을 가지고 사진들을 나열하고 있었다. 그 모습이 너무 진지하여 나도 모르게 장난기가 발동했다.

"어머, 모두 VIP만 있네요. 제가 이분들 옆에 앉아도 될까요?"

"동장님은 대통령님 옆에 앉으세요."

옆에 있던 간호사가 "어르신, 저도 침대에 앉아도 될까요?" 라고 웃으면서 묻자, 단호하게 거절하신다.

"선생님은 문 앞에 있는 의자에 앉으세요."

나는 세계 각국 대통령 사진 옆에 앉고, 간호사는 방문 앞에 있는 의자에 앉아 어르신 공연의 관객이 되었다. 집을 나오면서 간호사는 장난스럽게 이야기한다.

"어르신들은 동장님이 오시면 무척 좋아하세요. 말씀을 안 하시던 어르신들도 동장님 오시면 좋아서 말씀을 많이 하시고 혈압도 조금 올라가요. 오늘도 보세요. 동장님만 VIP예요. 저는 그동안 높으신 분들 사진 옆에 못 앉아 봤어요."

동장님, 싸가지 없이 굴어서 미안해요

추석을 앞두고 남문시장은 걷기도 힘들 만큼 사람들로 붐볐다. 남문시장을 빠져나와 상점가 골목을 지나는데 어르신 한 분이 고백할 게 있다며 한쪽으로 내 손을 잡아끈다.

"동장님, 고백할 게 있어요."

"무슨 일이신데요."

"그동안 싸가지 없이 굴어서 미안해요. 제가 그동안 동장님께 함부로 대했어요. 볼 때마다 직원들이랑 같이 일해서 직원인 줄 알았어요."

"아~, 괜찮아요. 직원인 줄 알았다고 해도 제게 함부로 하신다고 생각한 적이 없으니 너무 걱정하지 마세요."

그 어르신은 자신의 집 대문 안쪽에 누군가 쓰레기를 버린다고 주민센터에 오셔서 치워달라고 큰 소리로 말씀하신 적이 있었다. 그때 마침, 내가 사무실에 있었던 터라 직원과 함께 가서 쓰레기를 치워드렸고 의견을 주고받았다. 나는 집주인이 함께 노력해 주실 것을 부탁드렸고, 어르신께서는 자신이 집에 다른 사람들이 쓰레기를 버리는데 자신이 감당하기에는 너무 양이 많아 속상해하셨다.

마침 어르신 집이 출근하는 길목에 있어서 그 이후로 자주 대문을 열어 안을 둘러보았다. 어르신이 신경을 써서 그런지 전보다는 많이 깨끗했고 대문 안에 쓰레기가 없는 날도 많았다. 그래서 좋아지고 있다는 생각을 하고 잊고 지냈던 것이다.

어르신과 헤어진 후 주민들에게 동장이란 어떤 존재일까 하고 다시 생각해보았다. 아무리 자신보다 어리고 아무리 자신들보다 부족해도 동을 대표한다는 생각이 뿌리 깊이 있는 것 같다. 그러다보니 가끔 골목길에서 만나는 어르신의 손을 잡아드리면 눈물을 글썽이고, 집을 방문하면 큰 절을 하는 것이 아니겠는가? 자신의 불만을 이야기하고 공무원에게 무언가를 해달라고 당당히 요구를 해놓고도 싸가지 없이 행동했다고 용서를 구하는 것이 아니겠는가? 어르신의 "싸가지 없이 굴어서 미안해요."라는 그 한 마디는 앞으로는 더 조심하고 열심히 하라는 말로 들렸다.

마음이 아픈 사람들

어느 날 호텔에 다니는 큰 딸과 롯데리아에서 아르바이트를 하고 있는 둘째 딸이 진상고객에 대해 이야기하고 있었다.

"언니, 오늘 매장에서 난리가 났어. 할아버지 한 분이 커피가 늦게 나온다고 카운터를 싹 쓸어서 넘어뜨리고 엉망으로 만들었어. 그래서 내가 파출소까지 뛰어가서 경찰을 데리고 왔어. 언니네 호텔에는 진상고객이 없어?"

"왜 없겠니?"

"언니는 어떻게 해?"

"우리는 그냥 참아. 호텔은 뭐든지 비싸잖아. 고객이 불평을 하면 원하는 데로 해야지 안 그러면 더 힘들어."

"언니, 그리고 오늘 어떤 언니가 감자튀김 길이가 짧다고 불평해서 다시 튀겨줬는데 너무 이상해. 감자튀김 길이가 짧은 게 왜 문제인지 모르겠어. 한 번 나간 음식은 버려야 되는데 아까워 죽겠어. 다음에 또 그러면 뭐가 문제인지 물어보고 싶어."

"야! 참아라."

두 딸의 이야기를 듣고 있자니 어린 나이에 사회생활을 익히느라 고생하는 모습이 대견하기도 하고 한편으로는 안쓰럽다. 어디에나 있는 진상고객에 대한 해결책이 없는 것일까? 우리동 주민센터에도 진상민원인이 두 명 있다. 한 분은 70대 할머니이고 다른 한 분은 50대 아주머니인데 하루에 몇 번씩 오기도 하고 어떤 날은 두 분이 번갈아 찾아오기도 한다. 이들 두 분 중에 한 분이라도 오시면 동 주민센터는 업무에 지장을 받는다.

할머니는 작년에 내가 동에 발령을 받고 와서 며칠이 지나지 않아서 마주쳤다. 할머니는 민원 담당 직원에게 큰 소리로 공무원이 나쁘다고 욕을 하고 있었다. 내가 나서서 말리려고 하자 직원이 나서지 말라고 말렸다.

"동장님, 가만히 계셔요. 동장인 줄 알면 더 시끄러워져요. 전임 동장도 일은 안하고 지시만 한다고 욕을 먹었어요."

직원의 말을 듣고 나니 나도 모르게 움찔했다. 할머니는 집도 있고 통장에 현금도 많이 보유하고 있지만 거리에서 볼 때마다 폐지를 줍고 계실 정도로 부지런히 일한다. 얼마나 알뜰한 지 겨울에도 전기요금이 만 원이 넘지 않는다고 고지서를 들고 와서 흔들어대기도 한다. 그토록 알뜰하고 열심히 사시면서도 맺힌 응어리가 많은지 수시로 동 주민센터를 찾아 화를 풀고 가셨다. 그런 할머니를 더욱 화나게 만든 것은 장애인이셨던 할아버지가 돌아가신 후 동 주민센터에서 보낸 한 장의 안내문이었다고 한다.

장애인으로 받았던 혜택을 더 이상 받을 수 없음을 안내하는 내용이었는데 거기에 쓰여 있는 내용이 할머니를 불안하게 했던 것이다. 위반 시 고발되거나 벌금이 있다는 내용이 화근이었다. 일반적인 내용의 안내문이었지만 할머니는 이해할 수 없었던 것 같다. 자신처럼 열심히 사는 사람이 없고 자신처럼 정직하게 사는 사람이 없다고 생각했는데 자신에게 엄포를 놓는 공무원을 용서할 수가 없었던 것이다.

그 이후로 할머니는 울화가 치미는 날이나 뉴스에서 공무원과 관련된 보도가 있으면 어김없이 동 주민센터를 찾아왔다. 큰 소리를 치고 페트병으로 책상을 탕탕 쳐서 모든 직원들이 일을 할 수 없을 지경이었다. 다른 민원인이 화를 내도 소용이 없었고 직원이 자리를 피해도 소용이 없었다. 그 직원이 다른 곳으로 발령이 나고 없어도 여전히 찾아왔다. 도저히 업무를 할 수 없는 지경에 이르면 경찰을 불렀지만 여전히 소용이 없었다. 그 분은 마음이 아픈 것이었다.

하루는 사회복지 담당 직원이 할머니를 설득하여 정신병원에 모시고 갔다. 본인도 순순히 동의하여 진행된 일이었다. 다음날 할머니가 다시 동 주민센터에 찾아오셨다. 동행한 직원이 택시비를 지불했다며 택시비를 가지고 왔다. 공무원에게 신세지는 것은 싫다면서 돈을 받지 않겠다는 직원에게 억지로 돈을 주며 말한다.

"언니, 언니는 다른 데 가지 마. 언니 같은 사람이 있어야 나 같은 사람이 살지. 여기서라도 화를 풀지 않으면 나는 화병이 나서 죽을 거 같아."

"할머니, 알았으니 주민센터에 와서 마음은 풀더라도 소리치지는 마세요."

그 이후로도 할머니는 동주민센터를 수시로 찾아오셨고 그 때마다 직원들은 스트레스를 받아야했다. 그런데 금년이 되어서는 50대 아주머니가 한 분 더 찾아오기 시작하였다. 지금까지 찾아오셨던 할머니보다 우리를 더 힘들게 하였다. 막무가내였다. 어떤 날은 공무원이 제대로 일을 안 한다며 본인이 경찰을 불렀다.

아주머니는 사는 게 힘들어 보였다. 본인은 건강도 좋지 않고 직업도 일정하지 않아 소득이 적은 데 주민등록에 함께 되어 있는 자녀들 때문에 정부의 혜택을 받을 수 없었다. 공무원을 신뢰할 수 없었고 자신의 삶을 둘러싸고 있는 모든 것이 불만이었다. 본인이야 화가 치밀어 한바탕 떠들다 가면 그만이었지만 당하는 입장에서는 쉽지 않았다. 20명이 넘는 직원과 주민센터를 찾아온 민원인들이 모두 스트레스를 받아야했다. 뭔가 해결책을 찾아야 할 것 같아 직원회의를 통해서 의견을 모아보았다. 뾰족한 수가 없었다.

그동안의 미온적인 방법으로는 해결이 어려울 것 같아 강경하게 대응하기로 했다. 누구든지 민원실에서 소란을 피우면 한 사람은 동영상을 찍고 지나친 경우에는 경찰에 신고하고 또 한 사람은 총괄적으로 정리하기로 했다. 한 동안 강경책을 썼는데도 별로 나아지지가 않았다.

이 분들을 고발해야 하는 지에 대해 여러 번 논의를 했다. 고발되어 벌금이라도 내면 더 이상 소란을 피우지 않을 것이라는 기대도 있었지만 한편으로는 마음이 아픈 사람들을 법대로 대응하는 것인지에 대한 고민이 많아졌다. 그러다가 복지팀장이 나서서 그 분들의 이야기를 들어보기로 하였다.

복지팀장이 두 분이 올 때마다 만나서 이야기를 들어주기 시작하면서 반응이 조금씩 달라지기 시작했다. 아주머니는 어떤 날은 자신의 이야기를 하고나서 "시간을 빼앗아 미안하다"고 말하고 갈

정도로 복지팀장과 신뢰 관계가 쌓이기 시작하였다. 할머니는 복지팀장과 이야기를 하고 나면 한 동안 주민센터를 찾지 않았다. 마음에 쌓인 울화가 가라앉는 것 같았다.

그들에게는 자신들의 말을 들어줄 따뜻한 사람이 필요했는지 모르겠다. 복지팀장이 두 분을 전담하여 상담을 하고 이야기를 들어주면서 두 분도 마음의 평화를 찾기 시작했다. 차츰 주민센터도 평화를 찾기 시작했다. 물론 언제 깨질지 모르는 불안정한 평화다. 그 분들은 내가 동장이라는 사실을 여전히 모른다.

주민들의 명절선물

동장으로 맞이하는 명절은 무척 부산하다. 어려운 이웃들과 함께 따뜻한 명절을 보내야한다며 여기저기서 물품을 기증한다. 쌀도 들어오고 라면도 들어온다. 그러면 사회복지담당은 기초생활수급자부터 차상위계층에 이르기까지 꼼꼼히 따져 순서를 정해놓고 배분한다. 단독가구에는 쌀 10kg을 주고 식구가 많은 집에는 20kg을 배분하다. 그러면 사회복무요원은 쌀을 나르느라 땀을 흘린다. 부산하게 움직이는 몸놀림 속에서 따뜻한 마음이 물씬 느껴진다. 아직도 따뜻한 마음을 가지고 있는 주민이 많음이 감사하다.

마찬가지로 동 주민센터에서는 주민들이 직원들에게 주는 선물이 뇌물로 느껴지기보다는 정으로 느껴진다. 명절이면 각 단체에서 회원들에게 나누어줄 물건을 사면서 동장도 하나 챙겨준다. 어떤 단체에서는 김을 주고, 어떤 단체에서는 식용유 세트를 주고 또 어떤 단체에서는 상품권을 준다. 거절하기도 민망하고 그렇다고 받기도 당황스러운 일이다.

명절에 단체마다 회원들에게 주는 선물을 사면서 동장 것도 챙겨주는 것을 거절한다면 무척 서운해 할 것 같았다. 말 그대로 정으로 받아도 될 것 같았지만 한편으로는 마음이 무척 불편하였다. 내게만 준 것이 아니고 담당 직원에게도 주라고 했다. 내게 온 것을 거절하는 것은 쉬운 일이지만 직원들에게 온 것까지 내가 거절하는 것은 월권행위처럼 느껴졌다.

담당 직원들과 어떻게 하면 좋을 지 상의하였다. 직원들 마음도 내 마음과 그리 다르지 않았다. 돌려주기도 민망하고 그렇다고 구청에서 '안 받고 안 주기'를 실천하라고 하는데 받는 것도 마음이 불편하다는 것이었다. 그래서 나와 직원들의 마음을 단체장들께 솔직히 말씀드리고 어려운 분들에게 전달하는 것이 어떻겠다고 여쭤보았다. 처음에는 너무 서운하다고 말씀하시다가 마지못해 동의해주셨다. 회원들끼리는 물건이 사소하고 하찮아서 그러는 것 같다는 이야기도 오간 것 같았다.

우리의 물건을 전달받은 무료급식소에서는 무척 좋아하셨다. 비록 많지 않은 물건이지만 우리에게 생기는 물건을 수시로 전달하면서 관계도 더 친밀해졌다. 그리고 주민들도 앞으로는 시골에서

야채가 많이 오는 경우가 있는데 그 때는 무료급식소에 가져다주겠노라고 했다. 작은 나눔이 이웃의 마음을 서로 연결하고 있었다.

행 복

많은 사람들이 행복을 갈망한다. 내가 가장 많이 쓰는 인사말도 '행복하세요.' 라는 말이다. 하지만, 오스카 와일드의 '행복한 왕자' 는 행복에 대한 정의를 한 번 더 생각하게 만든다. 값비싼 보석으로 치장한 왕자 동상은 사람들의 사랑을 받지만 값나가는 것을 따뜻한 마음으로 어려운 사람들에게 준 왕자동상은 버림을 받는다. 우리는 책을 읽고 나서, 값나가는 모든 것을 준 동상은 버림받지만, 왕자의 영혼은 더 행복할 거라고 확신한다.

행복의 기준은 사람마다 다르고 행복을 위해 선택하는 것도 사람마다 다르다. 때로는 값비싼 물건을 탐하고 그것을 자랑하고 싶은 마음을 속물근성이라고 비난하고 다른 사람과 나누며 사는 것이 바람직하다고 생각하면서도 자신이 가진 것을 다른 사람과 나누는 것이 어렵다. 우리는 생각과 행동이 다른 모순투성이의 삶을 살아가면서 그것이 인생임을 배운다.

작년 여름, 인근 초등학교 5학년 여학생이 계속 결석하여 유급될 위기에 있는데 연락이 안 된다고 담임선생님에게서 연락이 왔다. 초등학교 5학년 여학생이라고 하니 덜컥 겁이 났다. 여학생에게 안 좋은 일이 생긴 것은 아닌지 자꾸 걱정이 되었다. 주민등록 주소지를 찾아가 집주인을 만났는데 집주인은 학생을 알지 못하였다. 학교측의 신고로 학생 때문에 이미 경찰들은 왔다갔는데 세입자 중에 그 나이 또래의 학생이 사는 집이 없다고 했다. 긴급 상황이라는 생각에 직원들을 모두 모아 놓고 회의를 했다. 전입신고 할 때 기록해놓은 메모가 있는지, 주소지 통장이 학생을 확인했는지, 우리가 가지고 있는 정보 중에 학생의 이름이 있는지 찾아달라고 했다.

한 직원이 메모한 자료를 바탕으로 학생이 사는 것으로 추정되는 주소를 찾았다. 메모를 잘 하는 직원이 집주인이 어려운 학생이 있다며 동 주민센터를 찾아와 이야기를 하는 것을 듣고 메모해뒀는데 아무래도 그 학생 같다고 했다. 지금 생각해보면 거의 기적 같은 일이었다. 밤이 늦어서야 새로 알게 된 주소를 찾아갔지만 집주인을 만날 수가 없었다. 성과도 없이 터덜터덜 사무실로 돌아오는 길에 아는 주민을 만났다. 그 주민은 나더러 기운이 없어 보인다며 잠깐 자기가게에서 쉬었다 가라고 했다. 저녁을 못 먹어서 배도 고프고 기운이 없다고 했더니 저녁을 시켜주었다.

밥이 도착해서 먹으려는데 갑자기 눈물이 쏟아졌다. 나는 한 끼 식사가 늦었다고 배가 고파서 기운이 없는데, 몇 달째 학교에도 안 나오는 그 아이가 혹시 잘못된 것은 아닐까하는 생각에 감정이 통제되지 않았다. 식사를 사준 주민은 옆에서 나를 위로해주었다. 학생은 별 일이 없을 것이니 너무 걱정하지 말라고 했다.

뜬눈으로 날을 새우고 다음날, 새벽이 되기 무섭게 집에서 나왔다. 너무 이른 시간이 결례가 된다거나 하는 것은 생각할 겨를이 없었다. 학생이 사는 것을 확인하기 위해 직원이 찾아낸 집을 찾아갔다. 집주인은 아침식사를 준비하고 있었다. 사정을 이야기하고 그 학생이 살고 있는지 물어보니 현재는 다른 곳으로 이사했다며 언니의 연락처를 알려주었다.

다행히 학생은 건강하였고 말도 명랑하게 잘했다. 하지만, 학생의 경제상황은 무척 나빴다. 어린 학생은 재혼한 엄마를 떠나 언니와 함께 살고 있었다. 언니가 아르바이트해서 번 돈으로 간신히 생활하고 있었다. 언니도 건강이 좋지 않아 일을 많이 할 수도 없을 듯 보였다. 의료보험료도 내지 못한 채 몸이 아파도 제대로 진료를 받지 못하고 있었고 돈이 없어 동생을 학교에 보내지 않았던 것이다.

언니를 만나 국가에서 제공하는 혜택을 알려줘도 우리의 말을 믿지 않고 경계했다. 결국, 아이에게 매월 20만원씩 주겠다는 후원자를 연결해 주고 나서야 대화가 가능해졌다. 후원금을 받는 조건으로 언니는 동생이 학교에 잘 다니도록 하겠다는 약속을 했다. 그 뒤로 학생을 지역아동센터와 연계하여 저녁까지 친구들과 지내고 센터에서 집까지 데려다 주도록 했다. 학생은 길거리에서 만나면 나를 부르면서 반갑게 인사를 했다. 그 모습을 보고 얼마나 행복했는지 모른다. 그 후 자매는 주소를 옮겼고 연락이 되지 않지만 그 아이가 잘 지내고 있는 지 지금도 걱정이 된다.

공무원으로 일하다보면 가슴이 덜컥하고 내려앉는 일이 많다. 하루에도 몇 번씩 좋아서 감동하고, 힘들어서 울컥하고, 어려운 사람들의 이야기를 듣다가 마음이 찡해진다. 우연히 만난 사람이 나를 칭찬하면 잘난 것 같아 교만해지고, 내가 건넨 말에 위로를 받는 사람을 만나면 마음이 흐뭇해지고, 사는 게 어려워서 국가를 원망하면 마음이 안타깝다. 나는 주민들의 이야기를 듣고 부대끼며 때로는 그들에게 위로가 되고 때로는 내가 위로를 받으며 희로애락을 함께할 수 있음이 행복하다. 행복에 대해 정의하기는 쉽지 않지만, 주민들과 가장 가까운 곳에서 주민들의 감정을 오롯이 함께 할 수 있는 내가 가장 행복한 사람이 아닌가 싶다.

우리 밥집은 예산과 관계없이 식사의 질이 달라지지 않습니다.
이상하게도 부족함이 없습니다.
예산이 없으면 주민들의 기부로 채워집니다.

3. 우리 동네 보물

따뜻한 밥집

독산3동에 살고 계시는 분들 중 생활이 어려운 분들은 최소한 하루에 한 끼는 드실 수 있다. 월요일부터 금요일까지 살구여성회에서 운영하는 밥집에서 매일 50여명이 식사를 하고 화요일과 토요일에는 하늘교회에서 운영하는 밥집에서 100여분이 식사를 하고 간다. 동장의 입장에서는 따뜻한 밥집 덕분에 혹시 굶는 주민은 없을까하는 걱정을 하지 않아도 된다.

하늘교회에서 밥집을 시작하게 된 계기는 노숙자들 때문이라고 한다. 9년 전, 노숙자들이 아무 때나 교회를 찾아와서 돈을 달라거나 밥을 달라며 자꾸 행패를 부려서 교회에서는 이왕이면 먹는 사람이 행복한 밥 한 끼를 주기로 결정하였다고 한다.

평소에 밥이나 돈을 달라고 찾아오는 노숙자에게 토요일에 오면 밥을 주겠다고 표를 주었고 토요일에 표를 가져온 사람들에게 식사를 준 것이 무료급식의 시작이었다. 초기에는 식사하러 온 사람들이 갈아입을 헌 옷도 비치해놓았다고 한다. 이제는 화요일과 토요일에는 어떤 일이 있어도 빠지지않고 누구에게나 식사를 제공한다.

하늘교회에서 밥집을 운영한 이후로 노숙자들이 행패를 부리는 일이 없어졌다고 한다. 식사 준비는 주로 하늘교회 신자들이 하지만 배식과 설거지는 자원봉사자들이 함께 한다. 한 번에 70명 정도 식사할 수 규모라서 항상 대기자들이 있지만 서로 질서를 지키며 식사를 하고 간다.

살구여성회에서 운영하는 밥집은 살구여성회 설립자였던 김주숙 명예회장이 모친상으로 들어온 부의금으로 마련하였고 한다. 처음에는 독산2동에 주택을 얻어 장소를 마련하고 밥집의 이름도 모친의 이름을 따서 조옥례 밥집이라고 했다고 한다. 그러다가 독산3동에 옮긴지는 6년이 되었다. 현재 밥집 운영을 책임지고 있는 박양희 센터장은 어르신들이 거동하려면 밥집이 1km이내에 있어야 하는데 독산3동쪽에는 따뜻한 밥집이 없어서 이 지역에 살고 있는 어르신들을 일일이 만나서 식사에 대한 욕구조사를 시작하였다고 한다.

그 때 한 분이 "일 년에 한번이라도 밥을 해주고 물어보라."는 말을 하여 충격을 받았다고 한다. 법인의 형편이 넉넉한 편은 아니라서 작은 곳을 얻었고 조리하고 식사할 수 있는 공간이 협소하다. 한 번에 열댓 명 정도 밖에 식사할 수 없지만 찾아온 사람들은 언제나 웃으면서 식사하고 기다리는 사람들의 모습도 편안하다.

하늘교회와 여성회에서 운영하는 따뜻한 밥집을 방문해서 받는 느낌은 따뜻한 곳이라는 것이다. 밥집에서 봉사하는 사람들은 그곳을 찾는 사람들을 진정으로 가족처럼 대하고 편안히 밥을 먹을 수 있도록 해드린다. 그래서 그런지 식사를 하러 오신 분들은 식사량이 많든 적든 자연스럽게 자리를 잡고 식사를 하신다.

가끔 다른 동에서 '20명' 혹은 '50명'의 어르신들에게 식사를 제공하는 행사가 있다고 자랑을 하면 나는 "우리 동은 매일 50명에서 150명에게 식사 대접하는데..."라고 속으로 말하며 웃는다. 우리 동에서는 매일 일상처럼 어르신 식사 대접이 있다 보니 어르신 식사대접은 자랑거리도 아니요 보고거리도 아니다.

생활이 어려운 어르신들을 만날 일이 있으면 무료급식을 제공하는 따뜻한 밥집에 가면 된다. 게다가 한두 분은 밥집에 가는 길에 꼭 주민센터에 들르거나 주민센터 앞에서 쉬었다 가시기 때문에 매일 건강상태를 확인할 수도 있다.

뽀로로 할머니도 그 중 한 분이다. 뽀로로 할머니는 뽀로로 모자를 겨우내 쓰고 다녀서 우리 직원들끼리 붙인 별명이다. 아직도 눈이 초롱초롱할 정도로 총기도 있고 예쁘장하신 데다 어린이용 모자가 맞을 만큼 얼굴이 작고 체구도 자그만하다.

금년에 99세인 뽀로로 할머니에게 살구여성회에서 운영하는 따뜻한 밥집으로 가는 길이 무척 먼 것 같다. 주민센터 길 건너에 있는 집에서 횡단보도를 건너오시면 주민센터 앞 보도 경계 턱에 앉아 한참을 쉬었다 가신다. 주민센터 바로 옆에 의자가 있건만 의자에 잘 앉지 않으신다. 의자보다는 나지막한 경계석이 더 편하신 모양이다.

연세 때문인지 아니면 할머니에게서 나오는 위엄 덕분인지 뽀로로 할머니는 살구여성회에서 운영하는 밥집에서도, 하늘교회에서 운영하는 밥집에서도 가장 어른이다. 늦게 가시든, 일찍 가시든 본인이 원하는 자리에 앉으시고 식사도 가장 먼저 하신다. 순서를 지키지 않는다하여도 할머니에게는 아무도 이의를 제기하지 않는다.

밥집에 오시는 분들은 순서대로 식사를 하기 위해 기다리고 그 순서가 어긋나면 소리가 나는데 유독 뽀로로 할머니만 예외여서 물어보니 '왕 할머니' 에 대해서는 말하지 않는 것이 불문율이라고 한다. 할머니가 살아내신 연세에 대한 경외심으로 누구도 감히 순서에 대해 이야기 하지 않는 것이다. '장유유서' 의 공감대라고나 할까?

살구여성회에서 따뜻한 밥집 운영을 총괄하고 있는 박양희 센터장은 동네 어르신들이 밥집에서 식사 하시는 분들의 건강을 챙기는 일이 너무 행복하다며 내년에는 뽀로로 할머니를 위해 멋진 100세 생신잔치를 해드리겠다고 한다. 따뜻한 밥집이야 말로 우리 동네

어르신들의 건강을 보살피는 동네 보물 1호다.

살구여성회 따뜻한 밥집 **박양희 센터장**

따뜻한 밥집에 오시는 어르신들이 "더 이상 바랄 것이 없다. 좋아서 죽을 수가 없다. 건강해져서 너무 오래 살까 걱정이다."고 말씀하시면 너무 감사합니다. 사실 저는 시어머니에게도 이렇게 정성을 다하지는 못했습니다.

몇 년 전에 너무 힘들어서 운영을 그만둘 생각을 했지만 어르신들이 이용하실 수 있는 곳을 찾지 못해 그만 두지 못했습니다. 오히려 주 3일 운영하다가 주 5일 운영하는 것으로 운영횟수를 늘렸습니다. 어르신들은 멀리 가지 못하기 때문에 가까이에 밥집이 있어야 합니다.

우리 밥집은 예산과 관계없이 식사의 질이 달라지지 않습니다. 이상하게도 부족함이 없습니다. 예산이 없으면 주민들의 기부로 채워집니다. 건강이 안 좋았던 어르신이 우리 밥집에 다니면서 건강이 좋아지는 것을 보며 보람을 느낍니다.

청소에 꽂힌 사람들

우리 동네에는 골목길 청소를 열심히 하는 분들이 많다. 어떤 분은 30년 동안 골목 청소를 하셨다고 말씀하시고 또 어떤 분은 27년간 하셨다고 한다. 독산동에 이사와서 살아온 세월이 골목을 청소한 세월과 같다고 한다. 그분들 대부분의 나이가 60을 넘었으니 젊어서부터 동네 청소를 해온 것이다.

아침 일찍 출근하는 날이면 어느 골목길에서나 청소하고 있는 주민들을 만나게 된다. 특히, 문성초등학교 정문과 후문에 있는 골목길에서는 하루도 빠짐없이 비질하는 소리를 들을 수 있다. 문성초등학교 후문 쪽 골목길은 문방구를 운영하는 사장님이 혼자서 청소를 하고 정문 쪽 골목길은 문방구 사장님, 피혁가게 사장님, 그리고 예전에 통장이셨다는 분, 총 세 분이서 사이좋게 청소를 한다.

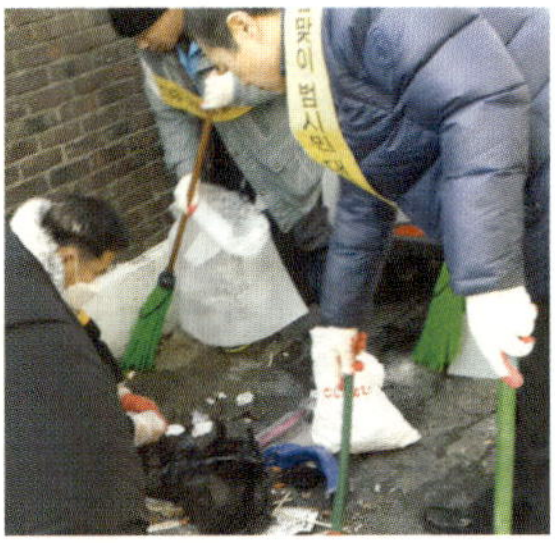

하루는 후문에 있는 문방구 사장님에게 "이렇게 열심히 이웃을 위해 봉사해주셔서 감사합니다."라고 인사를 했더니 옆에 계시던 사모님이 손사래를 치신다.

"동장님은 동네를 청소해주니 좋으실지 모르겠지만 저는 싫어요. 이 양반이 가게에 없어서 밖을 내다보면 저쪽에서 청소하고 있어요. 그냥 가게 앞만 쓸 일이지 왜 저쪽 멀리까지 쓸고 있는지 몰라."

사모님의 투정섞인 말투에 사장님은 그저 말없이 웃으시고 사모님도 결국 웃으신다. 어찌나 열심히 하시는 지 감사할 뿐이다. 그런데, 청소에 관한 한 압권은 우리 동 민방위협의회장이자 한아 아파트 입주자 대표로 있는 라종팔회장님이다.

"내가 무슨 영문으로 청소에 꽂혀 이러고 사는지 모르것소. 새벽에는 골목길 청소, 아침마다 쓰레기 버리는 사람 단속..... "

"아니, 회장님! 회장님은 청소에 왜 꽂히셨어요?"

"나야 무슨 일이든 시작하면 꽂혀버리는데, 그래도 청소가 제일이요. 다른 일보다 성과가 바로 나타나요. 청소를 하고 나면 바로 깨끗해지고 좋잖아요?"

나를 만날 때마다 하는 이야기이다. 내 눈에 라회장님은 청소에 확실히 꽂혀 있다. 함께 골목길을 걷다보면 전봇대에 붙어있는 광고물을 뜯느라고 바쁘다. 오늘도 아침 일찍 주민센터에 들러 아파트 앞에 쓰레기 버린 사람을 찾아 과태료를 부과하라고 한바탕 난리를 치고 가셨다. 워낙 신경을 써서 그런지 라회장님이 살고 있는 아파트는 분리수거가 잘 되고 있을 뿐 아니라 인근 골목까지 언제나 깨끗하다.

우리 동네 주요 현안문제가 청소인지라 라회장님을 뵈면 얼마나 좋은지 모르겠다. 라회장님이 동네 청소를 하기 시작한 지 얼마나 오래되었는지 알 수 없다. 새벽에 일어나면 골목길 청소부터 하는 것이 몸에 배어있다. 이제는 한 걸음 더 나아가 무단투기를 하지 말라는 계도와 분리배출 홍보까지 하신다.

회장님은 작년부터 무단투기단속을 할 수 있게 신분증을 만들어 달라고 하셨다. 본인이 무단투기자에게 그러지 말라고 말을 하면 사람들이 잘 응하지 않는다는 것이었다.

"사람들에게 담배꽁초를 버리지 말라고 하면 당신이 뭔데 그러냐고 쳐다봐요. 그래도 뭔가 신분증이 있어야 이야기를 할 것이 아니요. 전에 받은 신분증은 기간이 지났어요. 신분증을 새로 만들어 주소."

그래서 명예단속원 신분증을 해드렸더니 새벽 3시 반부터 골목길 청소하기 시작하여 골목길 청소가 끝나면 쓰레기 무단투기를 하는 사람들을 계도하신다.

"나도 처음에 깜짝 놀라서 세어 봤어요. 이 동네가 말입니다. 새벽 4시부터 5시 사이에 문성초등학교로 지나가는 사람이 100명 가까이 돼요. 그렇게 많은 사람들에게 이야기하면 얼마나 빨리 전파되겠어요?"

새벽부터 청소를 하고 또 몇 시간씩 골목 거점에 서서 무단투기자에게 야단하고 계도를 하는 이유다. 계도는 새벽에만 하고 그치는 것이 아니라 저녁부터 밤늦은 시간까지 하신다. 담배꽁초를 버리는 사람이 있으면 버리지 못하게 하고 생활쓰레기와 음식물쓰레기를 혼합해서 버리면 도로 가져가라고 말씀하신다. 가끔씩은 본인이 사람들을 얼마나 요령 있게 설득하는지 자랑도 하신다.

"그리고 말입니다. 그냥 단속만 한다고 될 일이 아니에요. 우리가 동네를 깨끗이 하자는 것이지 과태료를 부과하는게 목적은 아니잖아요? 담배꽁초는 말입니다. 그래서 제가 따로 머리를 썼어요. 도톰한 컵을 주워서 씻어 두었다가 꽁초를 버리는 사람이 있으면 갖다 주는 거죠. 그랬더니 말입니다. 담배꽁초를 바닥에 안 버려요."

라회장님이 쓰레기 무단투기자들과 싸우고 계도하기 시작한 후 골목길이 달라졌다. 무단투기 쓰레기양이 현격히 줄어들더니 급기야는 인근지역의 골목길까지 깨끗해진 것이다.

만수천 할아버지

우리 동네 동쪽에는 관악산 자락이 있고 산길을 따라 가면 만수천 약수터와 배드민턴장이 있다. 많은 사람들이 우리 동네 보물이라고 여길 정도로 귀한 곳이다. 어떤 분은 너무나 아름다워 시간이 날 때마다 간다고 한다. 내가 보기에도 참으로 좋은 곳이다. 게다가 나지막하고 경사가 약해서 연세가 많은 어르신들이 찾기에도 부담이 없다.

사람들이 많이 다니다 보니 그 만큼 의견도 많다. 그렇게 많이 찾고 좋아하는 곳이면서도 나를 만나면 좋다는 이야기보다는 안 좋은 이야기를 더 많이 하신다. 개나리와 무궁화 나무 전지를 너무 심하게 해서 삭막하다는 이야기부터 관악구에 있는 정자가 더 예쁘고 나무관리가 잘되고 있다는 이야기, 쓸데없이 공사는 왜 자주 하느냐는 말까지 내용도 다양하다. 하루는 문화마을만들기협의회의가 끝나고 식사하는 자리에서 회원이신 김억석어르신이 관악산 자락에 있는 만수천 약수터 배드민턴장 옆에 있는 나무가 죽었다며 한탄하셨다.

"나는 공원녹지과 직원들을 못 믿어. 공무원들이 하는 일이라고는 당체 믿음이 안가. 나무를 심었으면 물을 줘야지. 물을 안 줘서 나무들이 다 죽었잖아. 그리고 나무도 너무 빽빽하게 심어서 내가 몇 그루는 옮겨 심어서 살려 놨어. 그런데 다른 나무를 옮기고 싶어도 관청에서 한 일을 내가 허락도 안 받고 함부로 할 수가 없잖아. 애가 타 죽겠어. 나도 신경을 쓰지 말아야 하는데 아무래도 산귀신이 들렸나봐. 새벽에 눈을 뜨면 산에 가고, 아침 먹고 나면 다시 산에 가. 산이 나를 부르는 것 같아."

함께 자리한 모든 사람들이 김억석 어르신 말씀에 공감하면서 한 마디씩 거들었다.

"아마도 만수천 길부터 근처에 있는 나무 한 그루, 풀 한 포기까지 저 양반 손이 안 간 것이 없을 것이여. 구청에서 온 인부들이 나무를 너무 빽빽하게 심어 놓으면 옮겨 심고, 나쁜 나무는 솎아내고, 풀도 뽑고 물도 주고 만수천에 있는 산길과 나무는 저 양반이 다 만들어 놨어."

이야기를 듣고 다음 날, 산에 가보았는데 김억석 어르신이 이야기한 장소를 찾을 수 없었다. 그래서 어르신께 장소를 함께 가주십사 말씀드렸더니 흔쾌히 허락하고는 그 장소로 나를 인도했다. 가는 길에 산에서 일어나는 동네 사람들 이야기를 했다. 심겨진 나무이름도 알려주고 무엇이 잘못되었는지 일일이 말씀하셨다. 가는 길에 가지치기 한 개나리와 무궁화나무에 대해 한바탕 말씀하셨다.

"가지치기를 하려면 제대로 해야지 저렇게 밑동거리만 남기고 잘라 놓으면 저것들이 어떻게 꽃을 피우겠어? 아마도 공무원이 저렇게 하라고 시키지는 않았을 것이여. 그래도 공무원이 잘못한 거여. 지시를 했으면 감독도 해야지."

우리 공무원이 반성해야 할 것을 따끔하게 말씀하신다. 어르신이 인도하는 데로 따라가니 정말 측백나무가 빽빽이 서 있는데 20그루 이상이 말라죽고 있었다. 내가 수십 번을 다니면서 보지 못했던 것이 어르신의 눈에는 보였던 것이다.

불과 몇 미터 위에 인부들이 쉬는 공간이 있고 몇 미터 아래 약수터의 물이 콸콸 나오는데 아무도 물을 주지 않아 죽었다고 한숨을 쉬신다. 참으로 안타까운 일이었다. 공원녹지과에 알아보니 다행히 죽은 측백나무는 심은 지 얼마 되지 않아 나무를 심은 업체에서 다시 심어준다고 했다. 또한 어르신의 말씀을 바로 수용하여 앞으로는 가지치기를 할 때 꽃을 볼 수 있도록 관리하겠다고 했다. 그 말씀을 바로 전해드리니, 얼굴에 함박웃음을 지으며 기뻐하신다.

"역시, 동장이 여자라서 섬세해. 그동안 어느 동장도 이렇게 내 말에 귀를 기울인 적이 없었는데 말이여."

그동안 산에 있는 나무들은 눈비 맞고, 바람을 견디며 자연의 힘으로 크고 자라는 줄 알았는데 김억석 어르신의 각별한 애정으로 더욱 아름다워지고 있었던 것이다.

화단을 가꾸는 할아버지

우리 동네에는 폐지를 줍는 분들이 유난히 많다. 길마다 리어커나 카트를 끌고 다니면서 폐지 줍는 분들을 쉽게 볼 수 있다. 폐지나 재활용품을 주워서 파는 것은 특별한 기술이 없는 어려운 사람들이 선택할 수 있는 돈벌이 수단인 것 같다. 그들은 하루에 몇시간씩 동네를 돌며 폐지를 모으고 폐지를 팔아 번 돈을 알뜰살뜰 모아 월세도 내고 생활비에도 보탠다.

당연히 동 주민센터 앞에도 폐지를 줍는 분이 있다. 어느 날부터인지 키가 작고 등이 구부정한 할아버지 한 분이 동 주민센터에서 나오는 폐지를 가져가고 있었다. 처음에는 아무 말 없이 동사무소를 드나드는 것이 신경이 쓰였고 폐지를 모으고 폐지를 정리하는 동안 주민센터 앞이 지저분해지는 것도 싫었다. 하지만 힘든 삶을 살아내기 위해 열심히 일하는 분에게 냉정하게 말하기가 어려워 지켜보기만 했다.

어느 일요일, 근무를 하려고 나왔는데 그날도 할아버지가 동 주민센터 앞에서 폐지를 정리하고 있었다. 동 주민센터 문을 잠그려고 하는데 이야기하고 싶은 게 있는지 문을 두드리며 손짓을 하고 계셨다. 놓아였다. 문을 열어달라는 뜻 같아 문을 열어드렸더니 동 주민센터 안쪽으로 막 들어오셨다.

왜 그러시냐고 묻기도 전에 화장실 옆에 세워진 빗자루와 쓰레받기를 가지고 나왔다. 본인이 폐지를 정리하면서 생긴 쓰레기를 치우고 주민센터 입구에 있는 빗물받이를 청소하시고는 빗자루와 쓰레받기를 제자리에 가져다 놓았다. 고맙다고 인사드렸더니 아무것도 아니라는 듯이 손을 흔드시고 다시 폐지를 정리하셨다.

그러고나서 얼마 지나지 않아 인근 고물상에서 그 할아버지를 만났다. 폐지와 플라스틱류를 가져다주고 5,000원을 받아가고 계셨다. 그 돈을 벌기 위해 얼마나 바쁘게 폐지를 모았을까 생각하니 마음이 안쓰러웠다. 그날 이후 할아버지를 유심히 보게 되었다. 할아버지는 동 주민센터 바로 옆에 있는 집에 살고 있었다. 할아버지는 몸을 움직이지 못하는 할머니 식사도 챙겨주고 집안일을 하며 폐지를 줍고 있었다.

폐지를 줍고 집안일까지 하면서도 할아버지는 항상 주민센터 주변을 살폈다. 어떤 날은 동 주민센터 앞 빗물받이 안에 있는 쓰레기를 치웠고 어떤 날은 주민센터 입구에 술 취한 사람들이 토해 놓은 오물을 치웠다. 또 어떤 날은 화단의 나무에 물을 줬다. 그것도 주민센터를 청소하는 자활근로자가 빠뜨리고 하지 않은 날 표가 나지 않게 조심스럽게 하고 있었던 것이다.

이제는 동 주민센터 주변을 청소하는데 나와 호흡이 가장 잘 맞는 짝꿍이 되었다. 내가 화단에 물을 주거나 청소를 하려고 수도꼭지에 호스를 꽂으면 수세미를 가지고 달려오신다. 내가 물을 뿌리면 바닥을 수세미로 깨끗하게 문질러 주시고 물을 다 쓰고 나면 호스를 잘 감아서 원래 있던 위치로 가져다 놓는다.

금년 봄에는 주민센터 공터에 자리만 차지하고 있던 빈 화분에 펜지를 심어 동주민센터 앞에 두었는데 할아버지는 폐지 정리하던 손을 멈추고 그 화분을 보고 한참을 서서 빙그레 웃고 있었다. 그 모습이 얼마나 행복해보이던지 보고 있는 나까지 행복해질 정도였다. 그 날 이후 할아버지는 꽃을 보며 종종 서 있었다. 좋아서 헤헤 웃는 모습이 마치 어린아이 같았다.

할아버지는 꽃과 나무를 좋아하는지 수시로 화단도 가꾸고 물을 줬다. 할아버지의 정성으로 작년에는

잎조차 제대로 자라지 않았던 접시꽃이 활짝 피었다. 더운 여름 날에는 화단의 쥐똥나무를 가지치기 하고 있었다. 감사하다는 인사를 건네자 얼굴에 미소를 머금고 고개를 끄덕이신다.

청소를 하고 화단을 가꾸는 할아버지의 부지런함이 주민센터에서 나오는 폐지를 가져가는 것에 대한 보답으로 애쓰는 것처럼 보이기도 한다. 하지만, 그것이 어찌 받는 것에 대한 계산 때문이겠는가? 누가 보든 안 보든 받은 것을 돌려주고 싶은 마음, 누군가에게 무엇이라도 해주고 싶은 따뜻한 마음 때문이라고 생각해본다.

남문시장

독산3동에는 남문시장이 있다. 남문시장은 골목길을 따라 형성되어 주민들 출퇴근 길이기도하다. 나 또한 시장을 통과하여 출퇴근 한다. 남문시장은 말 그대로 평범한 전통시장이다. 유명한 맛 집이 있는 것도 아니고 물건이 다양한 것도 아니다. 다른 시장에도 있는 생선가게, 정육점, 두부가게, 옷가게, 화장품가게, 신발가게, 반찬가게 등이 있다. 한마디로 있어야 할 건 다 있고 없을 건 없는 시장이다.

다른 시장과 마찬가지로 몇몇 가게는 손님의 눈길을 끌기 위해 혹은 물건을 더 많이 팔고 싶은 욕심에 좌대와 물건을 길까지 내어 놓고 팔아 손님들의 통행을 어렵게 한다. 또 어떤 가게는 손님을 끌어들이기 위해 있는 목청껏 소리를 질러대는 바람에 어떤 날에는 머리가 아플 지경이다. 게다가 시장 상인들이 친절하고 싹싹한 것도 아니다. 깔끔하게 정리되고 친절한 백화점과는 대비된다. 말 그대로 어수선하고 평범하기 짝이 없는 시장이다. 그렇게 평범하고 딱히 내 놓을 것이 없는 시장이지만 많은 사람들이 남문시장을 찾는다. 주민들은 남문시장을 독산3동의 보물이라고 서슴지 않고 말한다.

그냥 스쳐가며 보노라면 장사하시는 많은 분들이 퉁명스럽고 자신의 이익에 급급하고 악착스럽게 살아가는 것처럼 보인다. 그런데 자세히 들여다보면, 남문시장의 상인들이 새벽같이 나와서 밤늦게까지 악착스럽게 일하며 모은 돈과 자신들은 아끼는 물건들을 이웃을 위해 스스럼없이 내어 준다.

남문시장 상인들 대부분은 지역의 어려운 이웃을 위하여 한 달에 한두 번 자신들이 파는 물건을 내 놓는다. 반찬가게에서는 반찬 한 팩을, 두부가게에서는 두부 한 모를, 신발가게에서는 신발 한 켤레를, 튀김집에서는 튀김 한 팩을, 그리고 옷가게에서는 옷 한 벌을 주신다. 그것도 매우 흔쾌히 내어주신다.

그 정도를 내 놓는 것은 부담이 적어서 먹고 사는 데 지장이 없다고 말씀하신다. 옛말에 10원 이익을 위하여 10리길을 마다 않고 가는 게 상인이라는 말이 있는데 그분들은 그렇게 어렵게 모은 돈과 물건을 어려운 주민들이 드시라고 혹은 쓰라고 내어주시는 것이다.

그 뿐이 아니다. 주위에 어려운 분이 있으면 항상 마음을 써 주신다. 폐지 줍는 아저씨가 사는 것이 힘들다고 내게 알려주고, 때로는 알고 있는 사람의 소득이 없으면, 그 집이 사는 게 힘들다며 일자리를 부탁하기도 한다. 내게 이야기를 해서 해결되는 것은 별로 없지만 혹시나 하는 마음에 이야기하는 것이다.

나는 이렇게 이웃을 살펴주는 남문시장에 폭 빠지지 않을 수 없다. 시끌벅적 요란하게 싸우는 소리가 나다가도 바로 웃음소리가 나는 곳, 바로 남문시장에서 사람 냄새를 느낄 수 있다. 이렇게 남문시장에 사람냄새가 나고 따뜻함이 넘치는 그 중앙에는 남문시장 진흥협동조합 손덕용조합장과 이순금여성회장이 있다.

손덕용 조합장에게 전화를 하면 '내가 제일 잘나가' 라는 컬러링이 들린다. 뭐가 그리 잘 나가냐고 물으면 가게를 잘나가고, 집을 잘 나간다고 말하면서 웃는다. 말 그대로 바깥일을 돌보느라 집안일과 본인의 점포를 돌볼 틈이 없다. 살구여성회가 운영하는 따뜻한 밥상에 들르면 손덕용 조합장이 쌀이니 후원금이니 이것저것 챙겨주셨다는 이야기를 종종 듣게 된다.

조합장은 악기동아리를 만들어 짬짬이 연습도 하고 상인들 간에 화합도 다진다. 본인이 동아리실로 사용한 공간을 임차하고 설비도 했다하니 그 열정을 가히 알 수 있다. 집이나 가게보다 밖에 더 많이 나와 있고 봉사활동에 열심이다 보니 남문시장 행사를 할 때마다 조합원들이 모두들 나서서 도와주신다.

남문시장에서 조합장 이상으로 바쁜 분은 이순금 여성회장이다.

여성회장은 전화를 할 때나 만나서 이야기를 할 때면 항상 '사랑하는 동장님' 이라고 불러주신다. 한 마디로 열정과 애정이 넘쳐나는 말이다.

이순금회장은 남문시장에서 장사를 하고 있는 상인들이 조금이라도 물건을 내어 놓아 지역주민을 돌보는 일을 하는데 적극 참여하고 계신다. 각각의 점포를 돌며 두부 한 모, 튀김 한 팩, 반찬 등을 얻어내어 혼자 살고 계시는 어르신이나 형편이 어려운 분들을 도울 수 있도록 하고 있다.

이순금 여성회장은 없는 시간을 쪼개어 남문시장 여성합창단에 참여하여 합창 연습을 하고 행사가 있을 때마다 나가서 남문시장과 금천구를 홍보하는데 일조하고 있다. 김장철이 되면 김장을 하여 이웃에 나누어주고, 설이 되면 떡국을 끓여 어려운 주민을 초대하여 대접한다. 잔치를 하고 큰 문화행사도 뚝딱뚝딱 해내는 과정에

서 열정도 생기고 흥도 생기는 모양이다.

조합장이 집과 가게를 비우는 것처럼 이순금회장도 가게를 지키는 날이 드물다. 가게를 들를 때마다 남편분이 가게를 지키고 있다. 그래서 "회장님은 팔자가 좋은 것 같아요. 회장님은 마음대로 돌아다니는데 남편께서는 꼼짝 없이 가게를 지키고 계시네요."라고 말씀드리면,

"괜찮아요. 젊어서는 내가 가게 다 지켰어요. 이제는 내가 조합일을 하니 남편이 가게를 지켜야지요. 남편도 사정을 아니 다 이해하고 도와줘요."라고 답한다.

조합일도 봉사하는 것인데 부부가 서로 이해하지 않으면 어떻게 할 수 있겠는가? 부부가 서로 이해하고 상인들이 돌아가면서 봉사를 하니 남문시장은 화합도 잘 되고 분위기도 좋다.

우리가 없다면 아무리 훌륭하고 지위가 높은 정치인이라

할지라도 그들이 원하는 일을 해낼 수 없을 것이다.

가끔은 그런 이유만으로도 오만하다는 말보다는

당당하다는 말을 듣고 싶다.

Ⅱ. 공무원 이야기

내가 내 직업에 최선을 다하는 것이 세상의
어떤 미션보다도 중요한 일이고 내가 최선을 다할 때
더 많은 사람들이 행복해질 수 있다는 것을 배웠다.

1. 공무원, 오만과 편견

도시 공무원의 아이러니

도시생활을 생각하면 떠오르는 단어들이 많다. 삭막함과 고독, 이웃과의 단절, 복잡함, 바쁜 활동, 무관심, 이질감, 자유, 다양성, 개인주의 등등. 도시를 나타내는 단어에는 대부분이 공동체보다는 개인적인 활동과 도시화의 문제에 초점을 두는 단어들이 많다. 나의 생활을 둘러봐도 이러한 단어들을 더 자주 사용하게 된다. 하지만, 이러한 도시생활이 불편하다고 생각한 적이 없다.

무관심, 이질감, 삭막함과 같은 단어 자체는 부정적인 느낌을 주지만 역설적이게도 어떤 사람에게는 이런 도시의 특징들이 매력이 된다. 타인에 대한 무관심은 사생활에 있어 자유로움을 주고 이질

감은 다양한 개성을 인정해주는 바탕이 되는 것이다. 나 또한 이런 도시의 생활에 불편함을 느끼지 못하며 살아가고 있다.

나는 아파트에 살면서 이웃주민들을 잘 알지 못한다. 바쁜 출근 시간에 층층이 서는 엘리베이터에 야속할 정도로 많은 사람들이 타고 내리지만 아는 사람은 거의 없다. 옆집에는 대가족이 살고 있는데 할머니를 제외한 다른 가족은 만날 수가 없다. 아침 일찍 출근하여 밤이 되어서야 집에 오게 되니 이웃에 사는 누군가를 만날 시간이 없는 것이다. 그렇다고 우리 가족들이 외롭고 고립된 생활을 하는 것은 아니다. 내가 살고 있는 지역의 이웃에 무관심한 것과는 달리 각자의 활동영역에서 공동체를 형성하며 지내고 있는 것이다.

멀리 있는 친척보다 가까이 있는 이웃이 낫다는 말도 옛말이 되어가고 있는 느낌이다. 가까이 살고 있어도 교류가 없으면 아무 소용이 없는 일이다. 얼굴도 모르고 말 한 번 해본 적이 없는 사람들이 어떻게 서로를 도울 수 있겠는가? 그래서 나는 내가 살고 있는 공간을 중심으로 한 사람간의 관계에 큰 관심을 두지 않았다. 내가 살고 있는 동네의 동장이 누군지, 통장이 누군지 알지 못한다.

내 나이 열아홉에 고향을 떠나 서울에서 살기 시작한 이래 누군가와의 네트워크는 지역중심이 아니라 직장이나 학교, 취미 동호회와 같은 조직을 중심으로 이루어진다고 생각하며 살아왔다. 지역사회에서 활동을 거의 하지 않고, 지역주민과의 관계에 무관심해진 내가 2014년 여름, 동 주민센터의 동장이 되었다.

다른 사람의 삶에 관여하지 않는 것이 도시인이 살아가는 생활방식이라고 생각해왔는데 문득, 다른 사람들은 나와 다르게 살고 있는 것은 아닌가하는 의구심이 든다. 동장으로 와서 사람들을 만나고 사람들의 활동을 살펴보면서 여전히 많은 사람들이 지역 중심으로 살고 있음을 발견하게 되었다. 공무원으로서 주민들과 만나는 접점인 동 주민센터에 와서야 지역중심의 네트워크가 보이기 시작한 것이다.

게다가 지역중심의 네트워크를 활성화시키기위해서는 사회의 공동체를 회복시키는 것이 동장에게 매우 중요한 일이다. 자연히 주민들이 동네 일에 관심을 가지고 참여할 수 있도록 관계를 이어가기 위해 노력한다. 길거리에서 만나는 사람들에게 아주 시시콜콜 안부를 묻고 다른 사람의 생활에 관여하고 있다.

"요즘 어떻게 지내세요?"

"손주는 잘 크고 있나요?" 등등

동 주민센터에 있다 보면 많은 사람들이 지역에서 일어나는 일에 대해 관심을 가지고 참여하고 활동하는 것을 보게 된다. 통장님에게 이웃에서 어떤 일이 일어나고 있는 지 물어보면 통에 살고 있는 사람들에 대해 웬만한 일은 알고 있는 것처럼 말하고 경로당에 가서 어르신들과 이런 저런 이야기를 나누다보면 이웃이 어떻게 살고 있는지 잘 알고 있는 것처럼 느껴진다. 어떤 사람은 도서관에서 구연동화 봉사를 하고 또 어떤 사람은 다른 집 아이들을 가르치지 위해 재능기부를 한다. 분명 나와 비슷한 사람들이 모여서 살고 있다고 생각했는데 다른 사람들은 전혀 다르게 살고 있다.

그런 모습을 보면서 문득 궁금한 것이 많아진다. 내가 한 번도 본 적이 없는 우리 동네 통장님도 우리 가족에 대해 속속들이 알고 있는 것처럼 다른 사람들에게 이야기하고 있는 것은 아닐까? 과연 주민 참여는 무엇이고 공동체 의식은 무엇일까? 개인의 생각과 삶이 중시되고 다른 사람의 간섭을 싫어하는 도시생활에서 공동체 의식은 어떻게 형성되어 작동하는 것일까? 나는 내가 살고 있는 지역에서 이웃에 관심을 쓰지 않으면서 내가 일하고 있는 독산3동에서는 지역주민들이 행정에 참여하기를 기다리고 있다. 직장에서와 내가 사는 곳에서 너무나 다르게 행동하는 이중적인 내 모습이 아이러니하다.

공무원에 대한 편견

사람들은 어떤 직업에 종사하는 사람들에 대해 일반화시켜 평가하는 경향이 있다. 공무원에 대한 평가는 크게 두 가지가 있는 것 같다. 하나는 그래도 믿을 만한 사람이라는 긍정적 평가이고 다른 하나는 소극적이라는 다소 부정적 평가다. 공무원이라는 이유만으로 긍정적인 평가는 내가 결혼하고 나서 바로 들었다. 결혼 후 시아버님이 내 손을 꼭 잡으며 말씀하셨다.

"네가 공무원이라서 너무 고맙다. 너의 생활과 성품에 대해 고민하지 않는 것만으로도 행복하다. 아들이 너와 결혼하겠다고 말했을 때 네가 공무원이라서 그동안 바르게 살아왔고 앞으로도 그럴 것이라고 생각했다. 정말 고맙다."

그 당시는 공무원이 지금처럼 인기 있는 직업이 아니었는데도 공무원은 부유한 환경에서 자란 것은 아니지만 학교 다닐 때 부모님 말씀 잘 듣고 학교에서는 모범생으로 살아온 사람들이라는 인식이 있었고 시부모님의 나에 대한 믿음도 사람들의 일반적 인식에 서 비롯되었다고 생각한다.

세월이 흘러 공무원의 보수도 많이 올랐고 여러 차례 경제 위기를 겪으면서 많아진 고시준비생과 공시 준비생이 사회적 이슈가 될 정도로 공무원은 많은 사람들이 선호하는 직업이 되었다. 그러다보니 아이들을 키우면서도 직업에 대한 동경과 존경의 말들을 듣는다.

"엄마! 엄마가 공무원이라고 이야기 했더니, 우리 반 친구들이 와~ 그러면서 부러워했어."

"엄마, 엄마 사무실이 너무 좋아. 나도 커서 공무원이 되고 싶은데 공부를 못해서 어떡하지?" 등등.

직장 생활을 해보니 공무원에 대한 긍정적인 평가와 일반적인 믿음과 가족의 기대가 그리 틀리지 않았다는 것을 느낀다. 공무원으로 생활하면서 공무원이 된 것을 후회한 적이 없을 정도로 좋다. 게다가 비슷한 성향을 가지고 있는 동료도 좋다.

반면, 공무원이 소극적이라는 것은 내가 공무원으로 생활해오면서 스스로도 느끼며 인정하는 부분이다. 우리는 업무에서나 생활에서나 다소 소극적이다. 공무원이 하는 일의 대부분은 규제와 단속 업무다. 단속과 규제를 한다는 것은 적극적으로 일을 할 수 없음을 내포한다. 단속과 규제는 생활이 어려운 사람이 대상이 되는 경우가 많아 적극적인 국민적인 반감을 받기 쉽다. 그러다 보니 자연히 소극적으로 일하게 된다.

혜택을 주는 행정을 할 때도 적극적이기는 어렵다. 혜택을 줄 때도 어김없이 주민들과 다투게 된다. 나보다 더 잘사는 사람이 혜택을 받고 열심히 잘 살아온 나는 어렵게 살고 있는데 혜택을 받지 못한다며 무엇인가를 주기를 원하는 사람들의 비난과 만나게 된다. 기초생활수급자의 경우가 그렇고 기초연금의 경우도 그렇다. 기초생활수급자의 경우, 아무리 생활이 힘들어도 부양의무자가 있는 경우에는 그에 따른 기준들이 충족되지 않으면 책정되기 어렵다. 기초연금도 많은 주민들이 주변의 어르신들이 아들에게 명의를 넘기고 연금을 받고 있다며 자신만 받지 못하는 현실을 받아들일 수 없다고 한다.

그만큼 많은 사람들이 국가를 믿지 못하고 사회를 믿지 못하며 그 탓을 공무원에게 돌리고 있다. 과태료나 과징금, 이행강제금이 부과될 때는 "왜 나만 가지고 그러느냐", "다른 사람들도 마찬가진데"라는 말과 "어디 손 쓸 사람이 있는 지 알아봐 달라"는 말을 듣게 된다.

단속하거나 규제하는 입장에서는 이래서 안 되고 저래서 안 된다고 정리하면 단속할 것도 없고 개선될 수 없는 상황이 된다. 그러다보니 단속하는 공무원은 다소 엄격하게 단속하는 경향이 있고 단속을 당하는 주민들은 일상생활에서 느끼는 정서와 다르기 때문에 심하게 저항한다. 둘 사이의 입장이 다르니 싸움이 자주 일어날 수밖에 없다.

공무원 입장에서는 억울할 때가 많이 있다. 어떤 때는 법과 제도가 나빠도 공무원의 입장에서 지킬 수밖에 없는 경우가 있고 법대로 했는데 현실을 무시했다고 하여 때로는 주민들에게, 어떤 때는 상관에게 질책을 받는다. 적극적으로 일을 해도 누군가에게 특혜를 주었다고 욕먹기 십상이다. 그러다보니 업무를 계획할 때는 긍정적인 결과보다는 부정적 반응과 역효과, 그리고 특정 계층이 받게 될 특혜를 먼저 고민한다.

사업에 따른 부작용에 대한 해결책, 처음 의도와 달리 생기게 될 기득권 세력이나 특정계층이 받게 될 특혜에 대한 대책이 없으면 업무를 진행하지 않는다. 처음에 적극적이던 직원들도 재직기간이 길어질수록 소극적이고 방어적으로 변해간다. 이러한 모습들로 인해 대부분의 공무원들이 무사안일, 복지부동하는 것처럼 보인다. 주민들의 적극적인 행정에 대한 요구가 늘어나는 현실에서 우리의 모습이 가끔은 안타깝다.

공무원, 튀는 게 두려운 사람들

공무원은 튀는 것을 정말 싫어한다. 아니, 튀는 것을 두려워한다고 말하는 것이 좀 더 정확한 표현 같다. 튀어야 살 수 있는 민간기업과는 달라도 너무 다르다. 기업에서는 튀기 위해 사투를 벌이는데 우리는 튀지 않기 위해 노력한다.

어디서나 일단 튀면 다른 사람들의 관심을 받는 데 그런 상황이 공무원에게 썩 유쾌한 일은 아니다. 어느 날 직원과 대화하다가 두더지잡기 이야기가 나왔다. 갑자기 머리를 한 대 얻어맞은 기분이었다.

"우리 직원들은 시집살이 오래한 며느리처럼 잘 참고 살아요. 왜들 소신 있게 말하고 일하는 것을 두려워하는 지 너무 안타까워요."

"우리 조직은 두더지 잡기하잖아요. 튀면 맞으니까 가만히 있는 거죠."

완전히 동의하진 않는다하더라도 '두더지 잡기'는 상당히 공감이 가는 비유였다. 다분히 보수적이고 복종을 중요시하는 조직이다 보니 자신의 의견을 말하면 좋은 평가를 받기 힘들다. 마찬가지로 일을 야무지게 하면서도 겸손해야 인정을 받는다. 본인이 많이 안다고 하여 잘난 척을 하거나 튀는 행동을 하면 바로 견제를 받게 된다. 업무에서든 외모에서든 튀면 마이너스가 되는 것이다.

내가 공무원을 막 시작하던 1990년대에는 더더욱 심했다. 임용된 지 얼마 지나지 않아 빨간 하이힐을 신고 출근했는데 과장님께서 "이주임, 총무과에서 안 불렀어요?" 라고 물어보셨다.

무슨 말인지 못 알아듣고 어리둥절하고 서 있자 공무원은 빨간 구두를 신으면 안 된다고 하셨다. '빨간 구두 아가씨' 라는 노래도 있었지만 공무원은 신을 수 없는 신발이었다. 그 이후에는 빨간 구두는 당연히 사지 않았고 빨간색 옷도 사지 않았다. 구두에 맞추어 입으려고 샀던 빨간 색 재킷도 검정색 재킷으로 교환하였다. 그 일이 있은 후 얼마 안 되어 서울시청에서 실시하는 교육을 가서 다시 한 번 놀랐다. 다른 구에서 온 여직원은 반지를 두 개 꼈다고 총무과에서 지적을 했다는 것이었다.

지금이야 빨간 구두를 신었다고 혹은 반지를 여러 개 꼈다고 해서 지적을 하는 사람은 없다. 하지만 우리 공무원들은 몇 십 년 이상 그런 세월을 보냈다. 그러다보니 우리들은 가슴 속 깊은 곳에 튀면 안 된다는 인식이 박혀버렸다. 조직에의 순응과 겸손을 중시하는 조직문화는 그 속에서 생활하고 있는 공무원의 DNA를 바꿔버린 것은 아닌지 모르겠다. 결국 내가 튀지 않는데 그치지 않고 누군가 튀는 행동을 하면 바로 지적을 하게 되는 것이다.

"그러지 마! 공무원이 그러면 안 돼."

당당함과 오만에 대하여

공무원이 자신의 생각보다는 다른 사람의 이목을 살피고 자기주장을 말하지 못하고 소극적이고 튀는 것을 두려워하지만 전체가 함께 평가 될 때는 조금 다른 것 같다. 내가 공무원들이 스스로를 평가하는 말 중 가장 많이 들어 온 말은 우리 대한민국이 이 정도까지 되는 데 공무원이 가장 큰 일을 했다는 것이다. 새마을 운동부터 시작하여 88올림픽이 성공적으로 끝날 때까지 그리고 오늘날의 경제력에 이르는데 가장 큰 역할을 한 집단이 공무원이라는 것이다. 내가 1989년에 임용되었으니, 88올림픽의 감격이 그치지 않은 상태라서 더 자주 들었던 것 같다.

그 다음으로 많이 들어 온 말은 공무원이 마음만 먹으면 못할 일이 없다는 것이다. 예산이 있고 인적 자원이 있는데 무엇이 걱정이겠는가? 내가 선배들에게 귀에 못이 박히도록 들은 것처럼, 오늘날의 우리나라를 만든 1등 공신이고 못할 일이 없는 것이 공무원이라면 무한히 당당해도 될 것 같다. 그런데 공무원과 생각이 다른 이해관계인과 마주치면 자주 듣는 말이 있다.

"그러니까, 공무원이 욕을 먹지."

더 심한 이야기를 들을 때도 있다.

"너 같은 사람이 공무원이어서 이 나라가 이 꼴이지."

이런 말을 들으면 모멸감을 느낀다. 그러면서도 그런 말을 하는 상대방이 이해가 된다. 다양한 상황에 대해 일일이 대응하지 못하는 법, 융통성 없는 공무원 개인의 성품, 법을 지키는 것보다는 인간관계를 동원하여 해결하려하는 주민들의 정서, 백이 있으면 안 되는 일이 없다는 일반적 생각이 어우러져 공무원을 비난하게 한다.

2013년 5월, 박원순 서울시장님이 금천구를 방문했을 때, 서울시 사업으로 피해를 보게 된 주민들이 빨간색 현수막에 '박원순 시장은 물러나라!', '....에 대한 피해를 보상하라'와 같이 시장님께 사태해결을 요구하는 적대적인 현수막을 들고 서 있었다.

한편으로는 주민들의 마음을 이해하면서도 바쁜 시간을 내서 방문한 시장님을 맞이하는 구청 공무원의 입장에서는 민망하고 죄스러운 마음이 앞섰다. 하지만 시장님이 마이크를 잡고 말씀을 시작하자마자 주민들은 조용해졌다. 주민들도 직원들도 시장님의 의연함에 놀랄 수밖에 없었다.

"여러분! 여러분이 만든 현수막을 보니 저더러 시장 직을 그만 두라고 하셨는데 진심이 아니시죠? 저 더러 시장 일을 잘해서 이 문제를 해결해달라는 것이지요? 제가 여러분의 의견을 들어 드릴게요."

시장 직을 그만두라는 사람들에게, 그것도 군중심리로 들떠 있는 사람들에게 '시장은 물러나라'는 말을 '시장 일을 잘 하라'

는 뜻으로 받아들이겠다는 당당함은 어디에서 나오는 걸까? 그것을 듣는 사람이 기분 나쁘지 않게 말하면서 신뢰를 얻는 내공은 어떻게 쌓은 걸까? 비슷한 상황에서 내가 시장님처럼 이야기한다면 주민들이 나를 믿어줄까? 당당하다고 생각할까, 아니면, 오만하다고 생각할까?

현실에서는 오만함과 당당함이 구별이 안 될 때가 많다. 같은 자리에서 같은 이야기를 해도 누가 말하는 지, 어떤 태도로 이야기하는 지, 평소에 어떻게 행동했는지에 따라 오만해 보이기도 하고 당당해보이기도 하는 것이다.

시장이라는 시정의 최고 결정권자가 주민들 앞에서 그것도 진솔하게 이야기하는데 믿지 않을 주민이 없을 것이요, 오만하다고 생각하는 주민도 없을 것이다. 하지만 같은 이야기를 말단 공무원이 했다면 같은 반응이 나오리라고 장담하기 힘들다. 우리가 당당한 공무원이 되고 싶으면서도 소심해지는 이유다.

법과 규정이 있는 업무는 책임과 권한이 명확하여 그대로 하면 되지만, 정책의 방향은 상관에 의해 결정되다보니 당당하고 의연해지기보다는 소심해지게 된다. 결정권이 없는 일에 대해 왈가왈부하다보면 동료와 상사, 그리고 주민에게 오만하다고 비난받기 쉽다.

"네가 책임질 수 있어?" 라는 질문을 받을 때 자신 있게 "책임질 수 있다." 는 대답을 할 수 없는 것이다.

우리는 최종 결정권자가 아니니까 책임진다는 말을 할 수 없다.

설령, 책임진다는 말을 해도 상대가 믿지 않는다. 하지만, 가끔씩은 최종 결정권자의 의견과 내 의견이 다르더라도 내 의견을 이야기하고 싶다. 공무원으로서 나만의 당당함을 즐기고 싶다. 그것이 좀 지나쳐서 "그러면 안 돼!" 혹은 "잘난 척하다가 두더지처럼 한 대 맞지 마!"라는 경고를 받더라도 말이다.

25년을 공무원으로서 임무를 수행하면서 최선을 다해서 살아왔는데 나 또한 전문가가 아닌가? 이런 저런 비난을 감수하며 묵묵히 일해 온 우리가 없다면 아무리 훌륭하고 지위가 높은 정치인이라 할지라도 그들이 원하는 일을 해낼 수 없을 것이다. 가끔은 그런 이유만으로도 오만하다는 말보다는 당당하다는 말을 듣고 싶다.

꿈과 직업

나는 어려서부터 공부를 좋아했다. '공부가 제일 쉬웠어요.'라는 말이 한 동안 사람들에게 충격을 주었는데, 내게 있어 공부가 제일 쉬웠던 것은 아니고 일하기에는 몸이 조금 약하고 게을렀다는 말이 맞을 것이다. 나는 농촌에서 태어났고 그 당시 농촌에서는 나이에 관계없이 누구나 들에 나가서 일을 하거나 집안일을 거들어야 했다. 일을 잘 할 줄 모르는 나에게 공부는 그 농사일과 집안일에서 제외되는 유일한 핑계였다.

농번기에도 숙제나 공부를 한다고 하면 부모님은 아무 말씀을 안

하셨다. 나는 집안일과 농사일을 제외시켜주는 공부가 좋았다. 그래서 꿈이 무엇이냐고 물어보면 공부를 많이 하는 박사가 되는 것이라고 말했다. 공부를 해서 무엇이 되어야겠다는 생각도 별로 없었다. 그냥 공부를 많이 해서 박사가 되면 가장 행복할 것 같았다.

나는 박사가 되겠다는 어렸을 적 꿈을 나이 마흔에 이루었다. 공부를 좋아해서였는지 꿈이었기에 이루어졌는지는 모르겠다. 박사학위를 받기까지 크게 어려움이 없었다. 생활의 일부처럼 자연스럽게 공부하였고 어렵지 않게 박사학위를 받았다. 하지만, 꿈을 이루고 나서 어떤 변화도 없었다. 박사는 그저 꿈이었고 그 꿈을 이룬 것뿐이었다.

공부를 시작할 때는 박사학위를 받으면 뭔가 달라질 것이라는 막연한 기대가 있었지만 그런 일은 일어나지 않았다. 내가 행정학박사 학위를 가졌다고 전보다 행정력이 높아진 것도 아니고 더 똑똑해진 것도 아니었다. 학위를 받은 후 한 편의 논문을 썼을 뿐 학술활동도 거의 하지 않았다.

나는 박사학위를 받기 위해 공부하는 동안은 힘들면서도 분명 행복했다. 하지만 박사학위를 받고 나서는 별 다른 감정을 가질 수 없었다. 나는 그 박사학위로 무엇을 하고 싶었을까? 나는 박사학위를 받고 나서야 꿈 너머 꿈에 대해 진지하게 생각하기 시작했다.

요즘 학생들은 나와 많이 다른 것 같다. 꿈에 대해 구체적으로 고민하고 직업에 대해 아는 것도 많다. 공무원을 목표로 공부하는 학생을 만나게 되면 공무원에 대해 굉장히 구체적으로 물어 본다. 꿈과 직업에 대해 막연한 환상만 가지고 있었던 나와는 많이 다르다. 세월이 변해서 학습과정이 바뀌어서 그런지도 모르겠다. 초등학생 때부터 진로에 대해 고민하고 중학생이 되면 진로 체험을 하도록 하고 있으니 왜 아니겠는가?

나는 마흔이 넘어서야 내가 무엇을 하고 싶은 지, 내가 무엇을 잘하는지, 어떻게 살고 싶은 지 생각하기 시작하였다. 딱히 답을 찾기 어려웠다. 그러다가 작년, 수안보 여행을 가서 작은 깨달음을 얻었다.

수안보 여행은 갑자기 진행되었다. 언니들이 함께 여행을 가자고 했다. 이제 나이가 들었으니 자매들끼리 여행을 다니면 얼마나 좋겠냐고 했다. 숙소를 수안보에 정하고 인근 지역을 관광하고 맛있는 음식도 먹기로 했다.

아무래도 온천으로 유명한 수안보에 왔으니 온천욕이 빠질 수 없었다. 마침 수안보에는 충주시에서 운영하는 온천탕이 있었고 우리는 같은 값이면 시에서 운영하는 곳을 이용하기로 했다. 시에서 운영하는 시설이 민간이 운영하는 것보다 깨끗하고 잘 관리되리라는 믿음이 있었다. 시에서 운영하는 온천탕은 여느 목욕탕과 다를 바 없었지만 더 위생적으로 관리되고 있을 것이라는 믿음 하나만으로도 우리는 좋았다.

목욕탕에 들어가자 둘째 언니가 때를 밀어 주겠다고 했다. 그때까지 목욕탕에서 세신 서비스를 받아본 적이 없었던 내가 주저하자 다른 언니들이 여행을 온 김에 한 번 서비스를 받아보자고 했다. 손님도 많고 세신사도 많았다. 언니들은 차례를 기다리며 예리하게 세신사들을 지켜보았고 때를 잘 민다고 생각되는 사람에게 몸을 맡겼다. 나는 아무나 괜찮다고 말하고 차례를 기다렸다.

내가 몸을 맡긴 사람은 말을 못하는 장애인이었다. 시에서 운영하는 곳이다 보니 장애인을 고용한 것이라 생각했다. 별 생각 없이 내 몸을 맡긴지 10분도 안 되어 나는 그 세신사에게 폭 빠져버렸다. 아니 감동했다. 때를 미는 것이 아니라 마사지를 받는 것 같았다. 배 부분의 때를 밀 때는 손짓과 몸짓을 해가며 복부마사지만 잘해도 살을 뺄 수 있다는 의사를 전달했다.

그녀는 팔과 다리, 어깨와 등의 때를 밀면서도 부지런히 손을 움직이며 마사지해 주었다. 말을 잘 하지 못하면서도 땀을 뻘뻘 흘리며 자신이 무엇을 하고 있는지를 알렸다. 속으로 언니가 나를 마사지까지 해주라고 한 것인가라는 생각이 들었다. 여행에서 가장 좋았던 것을 꼽으라고 하면 수안보 온천에서 세신한 것이라고 말할 정도였다.

그날 이후 목욕탕에 가면 세신서비스를 받았다. 그때마다 수안보에서처럼 단순히 몸의 때를 미는 것 이상을 기대하였다. 그러나 어느 목욕탕에서도 수안보에서 받았던 수준의 서비스를 받을 수 없었다. 나는 무엇이 되는지, 무엇을 하는가보다 더 중요한 것은 어떻게 하는가라는 것을 깨달았다. 세신사는 내 몸을 씻어주기만 한 것이 아니라 자기 직업에서 최선을 다하면 다른 사람이 얼마나 행복해질 수 있는지 알려주었다.

수안보에서의 세신 경험은 나를 더욱 열심히 일하게 만들었다. 나를 찾는 사람들을 행복하게 해주고 싶었다. 내가 내 직업에 최선을 다하는 것이 세상의 어떤 미션보다도 중요한 일이고 내가 최선을 다할 때 더 많은 사람들이 행복해질 수 있다는 것을 배웠다. 박사학위는 또 다른 내가 되기 위한 수단이 아니라 현재 내가 맡은 일을 더 열심히 하기 위한 수단이 되면 그것으로 만족할 수 있다고 생각했다.

퇴직하리라고 생각했던 사람들이 떠나는 것과
항상 함께할 것 같은 사람이 떠나는 것은 다른 느낌을 주었다.
사람에 대한 생각이 밀려왔다.

2. 공무원들의 수다

선물, 공무원이라서 포기해야 하는 것

누구나 선물과 관련된 좋은 기억을 한두 가지 가지고 있을 것이다. 선물이라는 것이 사는 사람보다는 받는 사람을 위한 것이다 보니, 아무래도 선물은 받으면서 생긴 추억이 더 기억이 나는 것 같다. 나 또한 선물과 관련된 추억이 많다. 공무원으로 임용되었을 때 당시 애인이었던 남편이 출근할 때 입으라고 사준 겨자 색 정장 한 벌과 신발 한 켤레, 내가 귀를 뚫은 것을 기념하여 딸들이 생일선물로 사준 귀걸이, 직원들이 생일에 써 준 롤링 페이퍼.

그동안 받은 대부분의 선물들은 소중한 추억과 함께 남아있다. 모두 따뜻한 마음과 사랑이 느껴지기 때문이다. 남편이 사준 정장과 신발은 버려지고 없지만 눈을 지그시 감으면 선하게 떠오른다. 딸들이 사준 귀걸이를 보거나, 직원들이 써 내려간 글을 읽고 있노라면 그것들이 나에게 소곤거리는 것 같아 정겹다.

"미숙아, 널 사랑한다."

"엄마, 사랑해요!"

"과장님, 멋져요!"

물질적인 계산만 한다면 선물은 경제적인 선택이 아닐 수도 있다. 우선 받는 사람의 입장에서는 다른 사람이 사준 물건보다 자신이 직접 고른 물건이 더 좋을 수 있고, 주는 사람 입장에서도 선물을 사기 위해서는 물건을 선택하고 구입하는데는 탐색비용까지 추가되기 때문이다. 그런데도 우리는 여전히 선물을 사는 일에 많은 시간과 비용을 투자한다. 우리가 선물을 살 때는 받을 사람이 무엇을 원하는지와 취향을 생각한다. 많은 사람들은 누군가가 받고 즐거워할 물건을 사기 위해 많은 노력을 하는 것이다.

가게에 진열되어 있는 물건은 그냥 상품에 지나지 않지만 물건을 선택하는 과정에서 의미가 부여되면서 그것은 새로운 의미와 이야기를 만들어낸다. 그러한 과정들이 농축되어 특별히 의미가 생긴 물건에는 금전으로 환산할 수 없는 가치가 더해진다. 그래서 그런지 돈을 받았을 때보다 선물을 받았을 때 더욱 각별하게 느껴지고 오랫동안 기억에 남는다. 그런데 그 좋은 것을 공무원은 주지도 말고 받지도 말라고 한다. 요즘 공익광고에 나오는 멘트가 있다.

“다른 사람의 눈에는 뇌물로 보일 수 있습니다.”

분명히 맞는 이야기인데도 현실적으로 받아들이는 것이 쉬운 일은 아니다. 게다가 견물생심이라 그런지 누군가 내게 선물이라고 내미는 순간 그 물건들이 내게 필요하게 느껴지고 나를 진심으로 생각하고 사준 것 같다. 가끔은 주는 사람의 마음이 너무 따뜻하고 애틋하여 기꺼이 받고 싶을 때도 있다.

한 번은 승진을 앞둔 직원이 명절을 앞두고 집으로 한우고기를 보내왔다. 그 마음이 느껴졌다. 승진하고 싶은 마음, 과장이 자신을 신경써주기를 원하는 마음, 그리고 자신을 평소에 신경써줌에 감사하는 마음 등등. 하지만, 분명, 누가 보기에도 순수한 선물은 아니었다. 그래서 조용히 불러 선물을 돌려주면서 손을 잡고 이야기했다.

“사람의 마음은 돈으로 얻는 게 아닙니다. 열심히 일을 하고 주위 사람들에게 마음을 써주는 것이 더 중요합니다. 그리고 돈을 쓰지 않고 승진하겠다는 당당한 마음을 가지는 것이 본인에게도 자녀들에게도 더 뿌듯할 겁니다. 지금도 잘하고 있으니 너무 힘들게 생각하지 마세요.”

그 직원은 눈물을 흘리고 있었다. 자신이 너무 부끄럽기도 하고 따뜻해서 고맙다고 했다. 내 입장에서는 직원에게 잘난 척하는 것 같아 조금 미안하였다. 그래도 다른 사람들의 눈에 뇌물로 보여 그 직원과 나에 대한 이미지를 손상시키는 것보다는 나을 것이다. 그리고 당연히 그리해야한다고 생각한다. 하지만 그런 일이 있을 때마다 마음이 참으로 힘들다. 그래서 상대방이 상처받지 않도록 최대한 정중하게 거절하기 위해 노력한다. 어떤 때는 위로의 말을 건네야 할 때도 있다.

그나마 직접 전달해 주는 경우에는 거절하기가 한결 수월하다. 택배로 오는 선물은 거절의 말을 전하기도 어렵지만 물건을 돌려주기도 어렵다. 배달해야할 수많은 물건들을 차에 싣고 다니면서 쏜살같이 물건을 주고 가는 택배아저씨를 부르기가 힘들다. 한 번은 둘째 딸에게서 전화가 왔다.

"엄마, 택배 아저씨가 물건을 놓고 갔어. 보내는 사람이 누군지 몰라서 엄마에게 물어보려고 했는데 아저씨가 너무 빨리 가서 어떻게 할 수가 없었어. 그리고 명절이라 바쁘게 가는 아저씨를 부르는 것도 미안해. 배달할 물건도 많을 텐데 안됐잖아."

딸의 전화를 받고 난 이후 나는 택배를 통해 받은 물건은 내가 직접 반환해준다. 내 마음 편하자고 죄 없는 다른 사람까지 성가시게 하는 것은 아니라는 생각이 들어서이다. 대중교통을 이용하여 출근하는 나로서는 집으로 도착한 물건을 돌려주는 일이 여간 힘든 게 아니다. 하지만 그것이 우리의 조직을 더욱 건강하고 따뜻하게 하는 일이라 생각한다.

청렴과 친절 뒤에 서있는 유능함에 대하여

많은 사람들이 공무원이 갖추어야 할 소양으로 청렴과 친절을 꼽지만 유능함에 대해 이야기하는 사람은 별로 없다. 그 증거로 매년 청렴과 친절에 대해 교육을 강도높게 한다. 직원들의 친절도를 높이기 위해서 전화점검과 방문점검을 수시로 실시한다.

청렴의 경우는 더 심하다. 국가적 차원에서 청렴도를 평가하여 기관의 순위를 발표하고 청렴도를 높이기 위해 지표를 만들고 수시로 모니터링을 한다.

하지만 직원들의 직무능력을 높이기 위한 교육은 매우 자율적이다. 직원의 유능함에 대해서는 평가하는 지표조차도 없다. 오히려 그와 반대되는 이야기를 더 자주한다. 공무원이 하는 일이라는 것이 초등학교만 나와도 충분히 할 수 있는 일이라고 말한다. 심한 경우에는 동사무소나 구청과 같이 일선에서 일하는 사람들이야 정직하고 성실하면 최고지 머리 쓸 일이 무엇이 있냐고 한다.

그럼에도 인사이동이 있을 때마다 모든 부서에서는 유능한 직원들이 배치되기를 희망한다. 적극적인 부서장은 누가 일을 잘하는지 탐색하여 그 직원을 데려오기 위해 노력한다. 반면에, 청렴한 직원이나 친절한 직원이 배치되기를 희망하여 부서장이 노력한다는 이야기를 들은 적이 없다.

부서에서 말하는 '유능함' 안에는 친절과 청렴이 당연히 포함

되는 것으로 생각할 수도 있다. 하지만 아무리 친절하고 청렴해도 일을 잘하지 못하면 환영받을 수 없는 것이다. 우리는 유능함에 대해서 말하지 않으면서도 일을 잘하는 직원을 유능한 직원이라고 칭찬하며 곁에 두기를 희망한다.

공무원으로서 유능하다는 것은 상당히 많은 것을 포함한다. 친절과 청렴, 성실성, 업무에 대한 숙지와 대응 능력을 요한다. 공무원이 하는 업무 영역이 워낙 다양하다 보니 어느 한두 가지 영역에서 뛰어난 재주가 있다하여 유능하다는 평가를 받지 못한다. 어떤 일을 맡아도 잘 처리해 낼 수 있어야한다. 업무를 종합적으로 판단하는 능력이 있어야 하고, 발표할 일이 있으면 발표 자료를 만드는 것에서부터 발표하는 일까지 잘 할 수 있어야 하고, 계획서도 잘 만들어야한다. 주민을 상대로 설득을 할 수 있어야 하고 법적인 대응을 할 줄 알아야 한다. 이 모든 것들을 잘 해낼 때 유능하다는 평가를 받는다.

친절과 청렴을 우선적으로 강조하면서도 유능함을 가장 선호하는 현실을 보면서 우리의 조직이 너무 욕심이 많은 것은 아닌가 하는 생각을 하게 된다. 끊임없이 변화하고 다양하고 새로운 일들이 발생하는 환경에서 우리들 마음속에는 업무를 처리하는 능력이 가장 중요하게 자리 잡고 있는 것이다.

아무리 마음이 따뜻하고 친절함이 몸에 배어 있어도 업무를 잘 알지 못하는 사람은 주민이 원하는 일을 해줄 수 없다. 비록 유능함이 친절과 청렴 뒤에 서있다고 하여도, 어느 누구도 노골적으로 유능함에 대해 언급하지 않는다하여도, 우리는 유능해지기 위해서 계속 노력하여야 한다. 드러내놓고 말을 하지는 않지만 유능한 사람을 곁에 두기 위해 많은 사람들이 지켜보고 있는 것이다.

보직에 대한 생각

발령이 나면 많은 직원들의 얼굴에서 희비를 읽을 수 있다. 어떤 직원은 너무 좋아서 표정관리가 안 되고 어떤 직원의 얼굴에 서운한 마음이 역력히 드러난다. 그래서 어떤 사람은 좋은 보직을 받는 것도 승진이라고 표현하는 사람도 있다. 좋은 자리로 가면 승진을 향하여 반 보 앞으로 갔다고 생각한다.

개인뿐이 아니다. 부서에서는 부서대로 팀 배치와 업무분장하기 전에 한바탕 시끄러워야 일이 정리가 된다. 좋은 사람이 왔다느니, 승진대상자가 많아서 머리가 아프다느니, 성비가 안 맞아서 일하기 어렵다느니, 최악의 경우에는 팀의 분위기를 해친다 해서 차라리 사람을 안 받겠다는 말까지 오간다.

인사는 개인의 욕구와 부서의 욕구가 잘 맞아야 잘했다는 말을 듣는다. 하지만 부서의 성격이 다르고 개개인의 능력과 성향이 다르니 그것을 맞춘다는 것은 거의 예술에 가깝다. 한 번은 발령이 있은 후 직원배치와 관련하여 인사부서에 항의를 했더니 부서별로 직원의 능력과 적성, 선호 · 비선호 부서 근무 여부, 성별, 고향, 친인척 관계까지 고려하다보니 너무 복잡하여 도저히 작업이 안 된다는 답변을 들었다. 갈수록 고려해야할 일들이 많다보니 인사처럼 어려운 일도 없다는 생각이 든다.

내가 처음으로 보직에 대한 생각을 하게 된 것은 공무원에 임용되어 얼마 되지 않아서였다. 그 때 우리팀장님은 보직에 대해 말했다. 자신이 겪은 지난 일들에 대해 서러움이 많은 듯했다. 본인은 명문고를 나와 우수한 성적으로 임용되었지만 호남사람이라서 좋은 보직을 받을 수 없었고 좋은 보직을 받지 못하니 승진이 늦어질 수밖에 없었다고 했다. 그 당시 대부분의 간부들이 영남 사람이라 영남사람을 챙겼다고 했다. 특히 나의 경우는 호남사람인데다 젊은 여성이라 더 심할 것이라며 안타까워했다.

"내가 있는 한 이주임은 꼭 챙겨줄게. 내 서러움을 닦을 수 있도록."

팀장님의 예측이 맞은 것인지 내게 운이 안 왔는지 알 수 없지만, 나는 오랫동안 승진 시 승진심사자의 눈에 띄지 않는 부서, 근무 평정에서 점수를 받기 힘든 부서로 배치되었다. 승진이 임박해서 근무평정을 잘 받을 수 없을까하는 마음에 간부님을 찾아뵈면 그 보직으로는 승진하기 힘든 것 아니겠냐고 말씀하셨다. 그렇게 무심한 세월을 보냈다. 그러다 여성공무원으로서 보직에 대해 진지하게 생각을 하게 된 것은 여성팀장이 되어서였다.

2004년 여성팀장이 되어 어떤 업무를 챙겨야 할지 이런저런 자료를 봤는데 여성공무원과 관련된 자료가 많았다. 남녀평등이니, 양성평등이니 하는 단어를 볼 때 '그래도 우리 공무원은 참 좋은 편이지' 라고 생각하던 때였다. 내가 여성팀장이 되었을 때는 이미 양성평등에 대한 정책들이 국가적 차원에서 실시되고 있었고 이에 맞춰 갖가지 연구 자료가 쏟아져 나와 있었다.

그 때 모든 업무를 할 때 성별에 따른 차이를 파악하고 그것이 업무에 미칠 영향을 고려해서 일을 하라는 '성인지' 라는 단어를 처음으로 접하게 된 것이다. 공무원과 관련하여 성인지 정책의 핵심은 여직원의 의사가 반영될 수 있도록 여직원이 조직적으로 주요부서, 주요업무에 배치되도록 하는 것과 여성간부의 탄생을 요구하고 있었다.

일부 논문에서는 아예 여성 공무원의 보직 경로와 이로 인한 남성과 여성에서 생기는 승진 소요 연수의 차이 등에 대해 구체적으로 논하고 있었다. 그 덕분에 그동안 막연하게만 생각해왔던 보직에 대해 다시 생각하게 되었다.

그 당시에만 해도 주요부서의 주요보직은 남성이 차지하고 있었다. 그러다보니 승진도 남직원이 빨랐고 간부들의 대부분이 남성이었다. 자연스럽게 남성위주의 결정이 이루어지고 있었으며 이에 대해 이의를 제기하는 경우도 드물었다. 그래서 여성팀장으로서 인사담당부서에 여직원을 주요부서에 배치해 줄 것을 요구하였다. 그 당시 여직원을 주요부서 배치와 주요보직에의 임용은 여성정책을 평가하는 인센티브 항목에도 있었다. 그러나 내가 들은 대답은 너무 간단했다.

"몇몇 여직원들에게 주요부서에 근무할 것인지를 물어보았는데 당사자가 원하지 않아서 배치할 수 없었습니다."

조금 실망스러웠다. 주요부서에서 일할 여직원을 적극적으로 찾지 않고 단순히 자신들이 알고 있는 한두 명의 여직원에게 근무 의사를 물어본 것만으로 할 일을 다 했다고 생각하는 인사업무 담당자에게도 서운하였다. 그래서 나는 결심했다. 누군가 내게 주요부서에 근무하고 싶은지 혹은 할 수 있냐고 묻는 질문을 받는다면 반드시 "그렇다"고 대답하리라고, 그리고 최선을 다해 그 일을 수행할 것이라고.

그러나 사무관으로 승진할 때까지 내게 주요부서에서 일을 하겠냐고 묻는 사람은 없었다. 그냥 격무부서나 비선호부서로 분류되는 부서를 전전하였다. 가장 소극적으로 판단한다면 역량부족일 수도 있다. 내 자질과 역량이 주요부서, 주요보직에 임용할만한 그릇이 안 된다고 판단한 것일 수 있다. 하지만 조직적 관점에서 본다면 소수자에 대한 최소한의 배려는 있었어야 한다는 생각을 떨치기 힘들었다.

최근 신규직원을 보면서 내가 살아온 것과 전혀 다른 통계 수치에 난감할 때가 있다. 이제는 주요부서, 주요 보직이라고 불리는 곳에 여직원들이 남직원보다 더 많고 맡은 업무도 당당히 처리하고 있다. 신규직원의 경우 70%가 여자이고 30%가 남자이다 보니 조금만 지나면 남성의 관점에서 업무를 처리해야 하는 시대가 오는 것은 아닌가 하는 걱정도 된다.

중요한 것은 남성이든 여성이든, 고향이 어디든지를 불문하고 소수자에 대해 균형 잡힌 생각과 배려가 있어야 하며 조직은 그것을 구조적으로 처리할 수 있는 제도를 가지고 있어야 한다는 것이다.

가장 좋은 보직은

가끔 직원들은 내게 인사 상담을 해오기도 하고 나 또한 어떤 일을 하고 싶은지 묻기도 한다. 아무래도 직원들은 선호부서라고 불리는 인사, 기획, 재무, 감사, 행정지원 업무 담당부서에서 일을 하고 싶어 한다.

내게 있어 선호부서가 좋은 가장 중요한 이유는 비슷한 성향의 직원들이 많다는 것이다. 앞에서 이야기한 것처럼 인사는 부서의 욕구와 개인의 욕구가 맞아야 하는데 기획, 감사, 재무, 인사업무는 기관 전체에 미치는 영향이 크기 때문에 부서의 요구를 반영하게 된다.

이들 부서는 일이 많고 조직과 관련된 업무를 치밀하게 다룰 수 있는 능력이 요구되다 보니 아무래도 차분하고 꼼꼼한 직원을 배치할 수밖에 없다. 선호부서는 일은 많지만 비슷한 능력을 가진 직원들과 함께 일하고 승진 시 그 동안의 고생을 인정받는다. 하지만, 그 능력이라는 것이 상당히 애매하다. 어떤 직원은 일을 잘 한다고 발탁되어 그 부서에 배치되었는데 결국 성과를 내지 못한 채 그 부서를 떠나야하는 경우도 있다. 그런 경우에 당사자도 스트레스를 받고 조직 또한 업무처리에 어려움을 겪게 된다.

반면에 비선호부서라고 해서 나쁜 것만은 아니다. 비선호되는 대부분의 부서는 민원이나 일이 많아 개인 시간을 갖기 어렵거나 일의 성과를 내기 어려운 경우여서 직원들의 선호도가 낮다. 그러다 보니 일이 많으면서도 성과를 내기 어려워 고생을 하면서도 그에 따른 혜택이 없는 부서가 비선호부서가 된다. 그러나 본인이 시간적 여유가 있고 담당하는 업무가 적성이 맞는 경우에는 행복하게 일할 수 있다. 내가 여성보육과로 발령 났을 때 직원들이 내게 해준 말이 있다.

"여성보육과는 거의 매일 시간외근무를 해야 된대요. 여성보육과에 근무하면 가정을 포기해야 한다고 해요. 직원의 가정을 포기해야 주민의 복지가 생긴다고 해요. 과장님, 고생스러워서 어떡해요?"

발령장을 받고는 별 느낌이 없었는데 사무실에 있어보니 여성보육과 직원들이 너무나 고생하고 있었다. 양육수당을 주거나 보육료와 어린이집에 지원하는 보조금 작업을 하는 기간에는 밤 12시가 넘어서 퇴근하거나 아예 밤새 근무를 하는 직원들이 많았다. 민원 전화가 너무 많다보니 근무시간에는 전화 받고 차분히 해야 할 일들은 퇴근시간이 지난 이후에나 할 수 있었다. 직원들은 저녁 먹는 시간도 아까워 저녁식사도 거른 채 일을 했다. 게다가 어린이집과 관련된 크고 작은 일들은 머리를 아프게 했고 소송도 있었다.

그런데 근무 분위기는 좋았다. 모두들 즐겁게 일하고 있었다. 모든 직원들에게 적성이 맞았다고 보기 어렵겠지만 몇몇 직원들은 진심으로 즐겁게 일했고 그런 열정과 마음이 옆 직원들에게 전파되어 부서의 전체 분위기를 좋게 만들고 있었다. 나 또한 여성보육과에서 즐겁게 근무할 수 있었다. 여성정책에 대해 고민하고 사업을 펼쳐나가는 것이 즐거웠다. 결국, 자신의 능력을 발휘 할 수 있는 보직이 가장 좋은 보직이라는 생각이 든다. 잘할 수 없는 일에 고통스러워하기에는 시간이 너무 짧다.

업무 개선에 대하여

사기업이든 공공기관이든 업무 개선과 혁신의 요구를 끊임없이 받고 있다. 그러다보니 업무개선은 하나의 과제가 되었다. 부서를 옮겨 다닐 때마다 맡고 있는 업무를 개선해야한다는 생각을 많이 하게 한다. 하지만, 그 개선은 쉽지 않다. 모든 변화에 저항이 있듯이 우리의 업무 또한 그렇다.

기존의 업무를 개선을 하려면 그 업무를 더 철저히 알아야하고 더 많이 고민해야 한다. 지금하고 있는 일이 가치 있는 일인지, 법정업무인지, 자체사업인지, 문제점이 무엇인지, 변화가 생겼을 때 불이익을 받거나 불편해지는 사람은 없는지, 예산이 많이 드는지, 내가 다른 부서로 간 후 후임자에게 부담이 되는지 등등 생각에 생각을 거듭해야 결론에 도달하게 된다. 모든 일이 그렇듯이 생각을 많이 할수록 결론을 내리기 어려워지고 결국 업무 개선이 어려워진다.

그래서인지 나 또한 25년 공무원생활을 하면서 업무를 개선한 경우는 많지 않다. 엄밀히 말하면 가장 손쉽게 접근할 수 있는 벤치마킹을 다녀와서 따라 하기에도 많은 용기가 필요했다. 전임자의 업무를 답습하거나 법규를 찾아가며 일처리하기에도 바빴고 어떤 때는 많은 생각을 거쳐 만든 개선안도 미처 생각하지 못한 부작용이 많다는 것을 알게 되었다. 그렇게 세월이 흘렀고 점점 더 보수적으로 변해가는 나를 보면서 업무개선에 대해 고민하기 시작하였다.

업무의 개선을 위해 새로운 것을 만들기 보다는 기존에 하고 있는 것 중 의도는 좋은데 형식적으로 진행되는 것들을 검토하기 시작하였다. 많은 일들이 진행되면서 처음 의도와 달리 왜곡되는 경우가 많았다. 많은 사업이 처음의 의도와는 실행과정에서 예산이 뒷받침되지 않거나 상급기관의 실적위주의 점검 때문에 왜곡되거나 형식적으로 진행되는 경우가 많았다. 그래서 직원들과 함께 개선한 것이 여성복지상담소 운영과 벼룩시장 운영이었다.

자원봉사자와 함께하는 상담소

여성복지상담소는 2003년 가정복지과에 발령받았을 때 접하게 되었다. 그 당시 서울시에서는 모든 자치구에 여성복지상담소를 설치하고 여성을 위한 상담용 전화를 별도로 개설하게 하였다. 그런데 전화기도 가정복지과에 설치되었고 상담은 직원이 담당하고 있었다. 그것도 다른 일을 하면서 부가적 업무로 하는 것이었다. 팀장으로 직원들에게 업무설명을 듣고 보니 참으로 막막하였다.

담당 직원이 주민의 상담을 듣고 답할 능력이 되는지 궁금하였다. 그래서 물어보니, 시에서 하라고 해서 하는 수 없이 하고 있다고 했다. 담당직원은 사는 게 어렵다고 하소연하는 주민이 있으면 복지관이나 동사무소 전화번호를 알려준다고 했다. 그래서 좋은 방법은 없는지 물어보았다. 직원은 주민 중에 상담 자원봉사를 원하는 사람이 있는데 과연 가능할지 고민이라고 했다.

국가적으로 자원봉사 활성화를 위해서 여러 방안을 강구하고 있었지만 그 당시는 공무원 자체도 자원봉사자를 어떻게 활용할지 잘 모를 때였다. 공공기관에서 주민이 주민의 고민을 들어주기 위해 어떤 시스템을 작동시켜야 하는지도 잘 몰랐다. 분명한 것은 직원이 여성들의 고민을 듣고 응답할 능력이 없다는 것이었다. 그래서 우리는 모험이라고 생각하며 조심스럽게 일을 진행시켰다.

상담자원봉사자를 모으고 상담소로 쓸 수 있는 공간을 만들었다.

일을 진행하면서 하나하나 상의를 하면서 일을 진행하였다. 봉사자들은 어렵게 만든 좁은 공간에 만족스러워하였고 봉사하면서 보람을 느꼈다. 처음에는 몇몇 안 되는 사람들이 찾아왔지만 자원봉사자들이 진심으로 열심히 상담을 진행하였다. 벼룩시장이나 교차로 등에 홍보를 하면서 이용자들이 점점 늘어나면서 자리를 잡을 수 있게 되었다. 사업을 시작한 지 10년이 지난, 지금 서울시의 다른 구에서는 여성복지상담소라는 이름이 자취를 감추었지만 우리 구에서는 '심리상담센터' 라고 이름을 바꾸고 그 위상을 더 굳건히 하고 있다.

테마가 있는 우리들의 벼룩시장

여성업무를 담당하면서 업무를 개선한 것 중의 하나는 벼룩시장 운영이다. 물론, 우리구보다 다른 구에서 먼저 시작하였고 훨씬 더 특색 있는 벼룩시장을 운영하는 곳도 많다. 내가 벼룩시장을 시작하게 된 것은 새마을 알뜰장이 변화하지 않는데 있었다. 새마을 알뜰장은 내가 임용되었던 1980년대 말이나 2010년이나 큰 변화가 없었다. 새마을 알뜰장에서는 새마을부녀회에서 판매하는 김이나 미역, 다시마를 내어 놓고 자매도시의 농산물을 팔거나 헌옷을 팔고 있었다.

새마을부녀회의 알뜰장도 의미는 있었다. 그곳에서 농산물 직거래가 이루어졌고 쓰레기로 처리될 수 있는 많은 물건들이 새로운 주인을 만났다. 그런데, 아쉬웠다. 새마을 알뜰장은 새마을부녀회만이 판매자로 참여하였기 때문에 일반주민들의 참여가 어려웠다. 그러다보니 변화가 거의 없었다. 그래서 대안으로 벼룩시장을 생각했다.

그래서 담당직원과 팀장이 주민들과 함께 서초구의 벼룩시장을 다녀왔고 다녀온 직원들은 조금 실망했다. 주민참여보다는 상인들이 많이 있다고 했다. 서초구에서 하고 있는 것을 개선하면서 우리만의 특색을 만들기 위해 많은 노력이 필요한 것 같았다. 참여자를 어떻게 모으고 어떻게 진행해야 좋을지 알 수 없었다. 함께 할 사람을 찾기 시작했다. 마침 독산동에 있는 새터교회 목사님이 함께 하겠다는 뜻을 주셨다.

새터교회 목사님께서는 그동안 동네에서 벼룩시장을 정착시키기 위해 많은 노력을 기울였지만 성공하지 못했다며 자신이 그동안 쌓은 노하우를 우리에게 알려주기 위해 참여하시겠다고 했다. 그래서 함께 시작했다. 말 그대로 주민과 공무원이 함께 만들어가는 장터였다. 기존에 실시하고 있던 자치단체의 벼룩시장보다 더 멋진 것도 아니었고 더 많은 사람들이 참여하는 시장은 아니었지만 장을 열 때마다 주제를 정하여 의미를 더했다.

5월에는 가정과 관련된 행사를 곁들이고 6월에는 환경단체와 연계하여 환경관련 행사를 곁들였다. 어떤 때는 여성기업 제품을 함께 판매하고 또 어떤 때는 재능기부를 받아 문화공연을 하였다. 행사를 거듭할수록 벼룩시장이 열리는 구청광장은 가족들이 자연스럽게 어우러지는 공간이 되었다. 하나도 못 팔았다고 입이 내밀고 있는 아이들을 사랑스럽게 바라보는 부모의 눈에서, 물건을 많이 팔았다고 신이 나서 판매금액의 일정액을 기부금 함에 집어넣는 아이들의 밝은 웃음에서 행복을 읽을 수 있었다.

승진, 간절한 단어

공무원으로 있으면서 가장 좋은 일이 '승진'이라고 한다. 그래서 공무원은 누구나 승진을 갈망한다. 언젠가 교육을 받다가 만난 선배에게 승진하니 무엇이 좋은지 여쭤보았다.

"무엇보다 내가 가지고 있는 생각을 실행에 옮길 수 있어서 좋아. 높은 자리로 갈수록 그 결정의 폭은 커져. 가끔씩 말도 안 되는 일을 시키는 상사를 보면서 나는 결심했어. 내가 승진하면 절대 저러지 말아야지. 게다가 승진하면 기분이 좋잖아. 월급도 오르고."

또 어떤 분은 승진하니 직원을 관리해야 한다는 사실이 싫고 직원들 눈치가 보여 승진하기 전의 시절이 그리울 때가 있다고 한다. 그렇지만 그분들도 승진 전으로 돌아가고 싶은 지 물어보면 고개를 흔든다.

"무슨 소리야. 그래도 승진은 해야지. 그렇다고 승진을 포기할 수는 없지.”

그렇다. 상황이 좋아지든 안 좋아지든 누구나 승진을 하고 싶다. 그래야 하고 싶은 일도 할 수 있고 월급도 오르고 가끔씩 승진하기 전이 좋았다며 푸념도 할 수 있다. 승진을 한다는 것은 관리자가 되고 리더가 되어 가는 것이다. 그래서 일의 방향을 결정하고 그 결정에 대해 책임을 지는 것이다. 하지만 그 길이 쉽지 않다.

한정된 자리를 두고 벌이는 경쟁이다보니 다른 사람보다 우위를 점해야 한다. 인간관계도 잘해야 하고 일도 열심히 해야 한다. 이것도 저것도 안 되면 다른 사람을 자신의 편으로 만들 수 있는 재주라도 있어야 한다. 나는 힘겹게 한 걸음 한 걸음 가는데 다른 사람들은 뛰어가는 것 같다. ‘남의 집 자식은 빨리 크는데 내 자식은 더디 큰다.’는 말처럼 승진도 나는 천천히 하고 다른 사람들은 빨리 하는 것처럼 느껴진다.

다른 사람이 승진할 때는 간부들이 많이 퇴직하여 승진 자리가 많이 생기는 것 같은데 내가 승진할 차례가 되면 기구가 축소되어 승진 자리가 오히려 줄어든다. 운이 없으면 때를 기다리는 수밖에 없지만 ‘때’라는 것도 주관성을 가지고 있었다. 시간이 지났다고 기회가 오는 것은 아니었다. 단순히 때를 기다리는 것은 군불을 때지 않으면서 아랫목이 따뜻해지길 기다리는 것과 별로 다르지 않다.

초등학교를 다닐 때 겨울 저녁에는 군불을 때어 물을 끓여놓는 것이 내 임무였다. 물을 끓여 놓으면 식구들이 씻기도 하고 설거지할 때도 사용하였다. 학교가 끝난 뒤 친구들과 놀다 집에 오면 나도 나름대로 바빴다. 숙제도 해야 하고 책가방도 챙겨야 하는데 그 이전에 물을 끓여야 했다.

그 때 우리집은 연료로 짚이나 왕겨를 사용하였다. 짚을 태우는 것보다 왕겨를 사용하는 것은 조금 더 어려웠다. 아궁이에 풀무를 넣고 한 손으로는 왕겨를 한줌씩 던져가며 다른 한 손으로는 풀무를 돌렸는데 그것이 지겹고 하염없이 느껴지곤 했다. 한 번은 꾀를 내어 아궁이에 왕겨를 잔뜩 밀어놓고 풀무를 힘차게 돌렸다. 풀무만 돌리는 것은 한결 쉬웠다. 그래서 신나게 풀무를 돌리고 있는데 갑자기 펑하는 소리와 함께 아궁이에서 불길이 휘익 하고 나와 내 얼굴을 스쳤다. 눈 깜짝할 사이에 내 눈썹과 이마 위의 머리가 다 타버렸다. 본능적으로 불길을 피하여 얼굴 화상은 면하였지만 눈썹이 새로 나고 앞머리가 자라는 데는 상당한 시간이 걸렸다.

승진이라는 것도 그런 것 같다. 한 손으로는 왕겨를 집어넣고 한 손으로는 풀무의 손잡이를 잡고 돌리는 것처럼 일도 해야 하고 직원과의 인간관계도 신경 써야 한다. 승진하겠다고 일만 무리하게 추진하거나 너무 속도를 내어 달려도 탈이 나는 것 같다. 승진은 꾸준히 일을 하고 일정한 목표를 이루어가는 과정에서 얻게 되는 결실이다.

조출조퇴

공무원이 되기 위해 공부하고 있는 후배와 이야기하는 시간을 갖게 되었다. 관심분야에 대한 공통분모가 많아서인지 이야기가 길어졌다. 그래서 몇 급 공무원으로 들어오기 위해 공부를 하느냐고 물어보니 7급으로 들어오기 위해 공부한다고 했다.

나는 7급 공무원으로 시작해서 9급과 5급 사이에서 받은 서러움이 많은지라 말리고 싶었다. 9급으로 들어온 사람과의 경쟁이 있을 때는 나이 때문에 승진경쟁에서 밀렸고, 5급으로 들어온 사람은 나의 상관이니 항상 부러움의 대상이 되었다. 어쨌든 고시라는 것이 통과하기 어려운 관문이다 보니 고시 합격자는 아무리 어려도 대접을 받았다. 반면, 9급으로 시작한 사람은 승진이나 보직을 받을 때 업무능력과 함께 연륜이라는 보너스가 붙었다.

7급 공무원으로 시작한 나는 5급으로 시작한 사람과 9급으로 시작한 사람의 사이에서 항상 뒷전이었다. 중간계급으로 들어온 까닭에 그동안 혼자서 삭인 서러움이 컸던지라 이왕이면 고시를 봐서 5급으로 들어오라고 권하니 후배는 의외의 대답을 했다.

"요즘, 여학생들은 5급 시험을 잘 안 보려고 해요. 공무원이야 직업적 안정성이 매력인데 5급으로 들어오면 정년까지 일을 할 수 없다고 해요. 그래서 교수님들도 7급을 권하는 경우가 많아요. 그래서 저도 7급 공무원 시험을 준비하고 있어요."

시대가 많이 변하였음을 실감했다. 내가 승진에서 좌절될 때마다 고시로 들어오지 않았음을 그토록 후회했건만 높은 직급이 모두에게 부러운 것은 아니었던 모양이다. 누군가에게는 5급보다 7급이 더 매력적으로 다가올 만큼 직업적 안정성이 우선되는 것 같다. 후배의 말을 듣고 보니 비슷한 말을 들은 기억이 난다.

한 마디로 잘 나가는 선배가 있었다. 그 선배는 9급으로 출발했는데도 남들보다 먼저 관리관(1급 공무원)이 되었다. 지금은 사라진 정책이지만, 선배가 승진할 때는 여성 우대 정책으로 승진시 여직원끼리만 경쟁시킨 적이 있었다. 선배는 그때마다 시험에 합격하여 고속승진을 하였던 것이다. 당연히 우리 여직원들에게는 부러움의 대상이었다. 관리관이 되고 얼마 안 되어 만난 자리에서 승진을 축하드렸더니 선배는 걱정 어린 한 마디를 던졌다.

"아, 조출조퇴(빨리 오르면 빨리 내려오게 된다는 뜻)라더니 정년을 못 채울 것 같아."

실제로 그 선배는 정년을 채우지 못하고 공직을 떠났다. 그래서 우리는 승진에서 탈락했을 때 조출조퇴라는 말로 위로를 한다. 빠른 것이 좋은 게 아니라는 말이지만 승진이 목마른 사람들 입장에서는 정년을 채우지 못하더라도 빨리 승진했으면 좋겠다는 푸념을 하게 된다.

상명하복

오늘 주무관 한 분이 뼈 있는 말 한 마디를 한다. 소통이니, 토론이니 이런 저런 자리를 만들어 의견을 이야기하라고 하지만 하위직 입장에서는 별로 참여하고 싶지 않다는 것이다. 당연히 토론하는 자리가 너무 싫다고 한다. 이야기를 하라고 해서 이야기를 하는 것이지만 결국에는 윗사람 뜻에 따라가고 하위직에 있는 자신들의 의견은 무시되기 일쑤라서 이야기를 하고 돌아서면서 괜히 이야기했다는 생각밖에 들지 않는다는 것이다.

주무관은 자신의 이야기가 반영되지 않으면 자신을 왜소하게 만든다고 했다. 자신의 의견이 반영되지 않는다는 것은 자신의 의견이 무시된다는 뜻도 있지만 그것에 그치지 않고 자신이 반항아처럼 보일 수 있어서 싫다는 것이다.

어느 조직이나 마찬가지겠지만, 공무원조직은 상하관계가 비교적 엄격한 편이다. 상사와 자신의 생각이 다르면 자신의 생각을 접어야 하는 것이다. 내가 의견을 말해서 거부되는 것보다는 상관이 지시하여 복종하는 것이 훨씬 더 일하기가 쉽고 에너지도 덜 쓰게 된다.

조직이나 상관의 의견과 다르다는 것은 조직에 대한 불만으로 보일 수도 있으니 이처럼 손해나는 일이 어디 있겠는가? 그러니 토론이 싫고 의견을 내는 것이 싫다는 것이다. 직원의 말을 듣고 보니 나도 같은 생각을 했던 기억이 난다.

언젠가 구청장님께서 간부들이 토론하도록 안건을 올렸는데 참석한 간부들 대부분이 구청장님 의견에 대해 반대를 했다. 그러자 구청장님께서는 그 일을 해야 하는 이유를 말씀하신 뒤 다시 한 번 토론하자고 했다. 사무실에 돌아와서 토론 결과를 묻는 직원에게 나는 한숨을 쉬며 말했다.

"괜히 말했어. 차라리 구청장님께서 당신의 속마음을 말씀하셨다면 그 뜻에 따라 의견을 말씀드렸을 텐데. 나는 완전 반대 의견을 말했거든. 괜히 이미지만 나빠질 것 같아. 앞으로는 토론하지 말고 차라리 지시받았으면 좋겠어."

상명하복의 문화속에서 우리는 자유보다는 '복종'에 더 익숙해있었다.

만남과 이별

공무원은 유난히 만남과 이별이 많다. 매년 6월말과 12월말에 퇴직하는 직원 수에 맞춰 승진과 정기인사가 있다. 그 과정에서 만남과 이별은 필수가 된다. 그래서 만남과 이별은 공직생활을 하는 동안 하나의 과정이요 일상이 된다. 만남과 이별이 있은 후 그간의 인연을 돈독히 하고 다시 한 번 보고 싶은 생각에 모임을 만들기도 한다.

만남은 한 편으로는 그 사람의 인맥을 넓히고 그 인연은 어려움을 만났을 때 도움이 된다. 특히, 우리 공무원의 만남은 곧 떠날 것을 아는 만남이고 이별 또한 공무원으로 재직하는 동안은 다시 만날 수 있음을 아는 이별이다. 어쩌면 특별한 것도 없는 만남과 이별이다.

아무래도 만남보다는 이별에 마음이 간다. '든 자리는 몰라도 난 자리는 안다'는 말처럼 사람이 나간 자리는 표가 나기 때문인지도 모르겠다. 그래서 인사철만 되는 함께 근무했던 직원과의 이별을 아쉬워하느라 선물을 사고 구청 근처 식당은 직원들로 북적된다. 그래서 우스게소리로 지역경제를 살리려면 인사발령을 자주해야 한다는 이야기도 한다.

공무원으로 임용되었을 때는 이별에 대한 개념이나 생각이 거의 없었다. 첫 발령지인 사회복지과는 예나 지금이나 힘든 부서였고 사회복지과를 벗어나는 것 자체가 좋았다. 그래서 우리는 이별을 축하했다. 승진해서 다른 곳으로 가면 더할 나위 없이 좋았고 설령 승진하지 못한 채 다른 부서로 가더라도 영전이라고 생각했다. 함께 일하던 동료가 떠나면 이별을 아쉬워하면서도 힘든 부서를 떠난다는 사실을 축하하며 기뻐했다. 반면 좋은 부서에서 근무하다 힘든 부서로 가는 것은 또 다른 감정을 주었다. 동료와의 이별이 서운하다기보다는 몸담고 있던 부서를 떠나는 것이 더 서운하였다.

25년을 그렇게 살아왔다. 1년에 2번은 내가 떠나기도 하고 다른 사람이 떠나는 것을 보면서 만남과 이별을 해왔다. 그동안 이별은 낯설지 않았고 큰 의미가 있는 것도 아니었다. 그런데 문득 일상 같은 이별이 가슴을 먹먹하게 한다. 전에는 내 머릿속에 없던 퇴직이라는 단어가 새롭게 자리 잡게 된 것이다. 앞으로 근무할 날이 10년 이상 남았지만 그동안 의지하던 사람들이 하나, 둘, 떠난다는 사실이 나를 외롭게 만들었다.

내가 임용된 날부터 퇴직자가 없었던 적은 없었다. 첫 발령지의 과장님은 그해 정년퇴직하셨고 젊은 나이에도 퇴직하는 분들도 있었다. 그러나 그때는 그런 퇴직이 나와는 먼 이야기만 같았다. 오히려 퇴직하시는 분들이 부러웠다. 나도 빨리 세월이 흘러 퇴직하면 좋겠다는 생각도 했다. 그러면 실컷 늦잠도 자고 가끔씩 친구를 만나 수다를 떨며 행복한 시간을 보낼 수 있을 것 같았다. 그런 생각을 부추기기라도 하듯 퇴직하신 분들을 만나면 너무 좋다는 말을 했다. 그리고 심심할 틈이 전혀 없다는 말도 덧붙였다. 나는 그들의 말을 곧이들었다. 그리고 나도 퇴직하면 그들처럼 행복하리라 생각했다. 그런데, 다른 문제가 생겼다. 내가 퇴직할 때까지 같이 근무할 것 같았던 사람들이 떠나가기 시작했다.

생각하지 못했던 일이다. 너무 오랫동안 함께 근무했던 사람들이었다. 퇴직하리라고 생각했던 사람들이 떠나가는 것과 나와 항상 함께 할 것 같은 사람이 떠나는 것은 전혀 다른 느낌을 주었다. 함께 할 것 같았던 그들의 퇴직은 나의 퇴직을 생각하게 만들었다. 나는 떠날 때 어떤 모습으로 떠날 수 있을까, 나와의 이별에 대해 나와 함께 했던 사람들은 어떻게 생각할까를 생각하니 감정이 이상해졌다.

임용 초기에 내가 그랬던 것처럼 당연히 떠날 사람이라고 받아들이는 직원들도 있을 것이고 상실감을 가지는 직원도 있을 것이다. 더러는 나의 퇴직으로 새로이 생기는 승진 자리에 기뻐하는 사람도 있을 것이다. 나 또한 승진을 앞두고 누가 몇 월에 들어가는 지를 수첩에 적어두고 내 승진 차례가 언제쯤 올지 계산하지 않았던가?

나는 그동안 우리 조직 안에서 함께 하는 사람과의 만남과 이별에 익숙해 있었을 뿐 내가 떠날 것에 대한 생각은 하지 않았다. 그래서 그런지 우리는 조직을 떠난 사람과의 관계를 소홀히 하고 있었다. 그런데 이제는 나와 가까이 있던 사람들과의 이별을 겪으면서 나도 언젠가 조직에서 떠남을 생각하게 된다. 옛날은 지금보다 항상 좋다는 말처럼 나를 떠나는 정든 사람들은 항상 좋은 사람들이었다.

그들은 누가 보기에도 모범공무원이었다. 공무원이 천직처럼 느껴졌고 보람이 많았으리라고 생각했는데 그들의 반응은 달랐다. 쉬고 싶다고 하였다. 그리고 쉬니까 좋다고 한다. 내가 힘들 때 도와주던 사람들이 떠나면서 그 떠남을 너무 담담하게 받아들이고 있었다.

나는 차마 이별 후의 만남에 대해 이야기하지 못하겠다. 공무원 생활을 하는 25년 동안 일밖에 모르고 살아왔다. 일이 중요하다고 생각했다. 그리고 공무원이라면 당연하다고 생각했다. 그런데 갑자기 사람에 대한 생각이 밀려왔다.

"요즘은 시대가 변하고 있으니까
변화를 시도하는 것도 나쁘지 않겠네요."

Ⅲ. 함께 살아가는 이야기

민원실에서 불안하게 앉아 기다리는 모습은 사라졌고
사무실의 공기도 많이 좋아졌다.
공간의 모습이 바뀌면서 주민들의 모습이 달라진 것이다.
공사가 끝난 뒤 주민센터에 찾아온 주민이 나가면서 말했다.
"전에는 동사무소 같았는데
지금은 세련된 민간 사무실에 온 느낌이에요."

1. 독산극장이야기

변화와 저항

아무리 사소한 것이라 하더라도 전과 다르다는 것은 스트레스가 된다. 그래서 대부분의 사람들은 변화를 요구받으면 방어 자세를 취한다. 2014년 하반기, 서울시는 복지대상자를 발굴하고 주민을 방문하여 서비스를 제공하는 '복지와 마을 중심'의 주민센터로 바꾸는데 참여할 구를 공모하였다.

공모사업은 동 주민센터에서 그동안 일해 온 방식을 파격적으로 바꾸는 것이었다. 의사결정을 주민중심으로 바꾸고 복지사각지대를 없앤다는 뚜렷한 목표를 가지고 있었다. 공모사업의 대상구로 선정되면 사업수행에 필요한 인력과 그에 필요한 예산을 받을 수 있었다. 금천구도 시범사업에 응모할지 고민하기 시작하였다. 하지만, 공모사업은 많은 변화를 요구하는 것이었고 그 변화에 대해 많은 사람들이 저항하였다.

관련부서에서는 사업을 검토하였고 부서에서 검토한 결과를 가지고 관련부서장과 동장이 모여 수차례에 걸쳐 토론을 하였다. 관련부서장들과 동장들의 대부분은 다양한 의견으로 사업수행에 대해 반대하였다. 참석한 사람들은 시에서 지향하는 바와 우리 금천구에서 지향하는 바가 같은 지, 혹은 사업수행을 통하여 무엇을 얻을 수 있는 지에 대해 걱정하지 않았다.

시에서 제시하는 방향은 바람직한 것이었다. 우리 공무원들이 원하는 것이었다. 그럼에도 우리는 사업으로 인하여 조직에 변화가 생기는 것을 걱정하고 그 사업에 들어갈 예산을 걱정하였다. 복지업무를 위해 채용되는 인력이 너무 많았다. 그동안 예산을 이유로 한 두 명의 인력 충원도 힘들어 절절맸는데 갑자기 동마다 5~6명의 사회복지담당 직원이 배치된다는 것은 조직이 갑자기 비대해지는 것을 의미했다.

직원들은 사업이 방향과 지향하는 것보다는 몇 년 후에 생길 승진문제와 이에 따른 사회복지직과 행정직 간의 갈등을 걱정하였다. 게다가 그 인력과 관련된 예산은 어떻게 만들 것인가? 기본적인 인건비는 시에서 준다고 하지만 각종 수당과 업무수행과 관련된 예산은 구의 몫이었다. 토론을 할 때마다 반대와 찬성의 기류가 조금씩 변하기는 하였지만 토론의 끝이 올 때까지 찬성보다는 반대의견이 많았다. 하더라도 추이를 봐가며 천천히 하자고 하였다.

대부분의 사람들에게 변화는 불편한 것이었고 앞서 가는 것은 더욱 힘든 것이었다. 공모를 할 것인지 말 것인지 결정을 해야 하는 시점이 다가오고 마지막 토론에서 구청장님은 한마디로 참석한 모든 간부들의 입을 닫게 만들었다.

"합시다! 어차피 가야 할 길이라면 다른 구보다 먼저 갑시다!"

그렇게 해서 간부들은 반대 의견을 더 이상 말하지 못하였고 금천구는 '찾아가는 동주민센터' 사업에 참여하게 되었다. 독산3동은 다른 동보다 공간이 넓어 많은 인력이 충원되는 시범사업에 적합했다.

시범운영을 위해 사무실 정비와 인사작업이 뒤따랐다. 업무의 차질 없는 수행을 위해 직원들은 일주일 전인 2월 23일에 배치되었다. 1주일 동안 직원들은 부지런히 움직였다. 책상도 배치하고 컴퓨터도 새로 구입하여 설치하고 전화기, 사무용품 등을 준비하고 3월 1일이 되면 업무가 바로 시작할 수 있도록 전력하였다. 하지만 생각보다 시간은 빨리 지나갔다.

어느새 3월 1일이 되었고 찾아가는 동주민센터의 첫 업무를 시작하는 월요일인 3월 2일이 되자 정신이 하나도 없을 정도로 주민센터가 어수선하였다. 직원들의 업무분장은 계속해서 변화가 있었다. 일은 계획대로 진행되지 않았다. 어떤 일은 생각보다 많았고 또 어떤 일은 예상지 않은 문제를 만들었다. 직원들은 수시로 회의하면서 업무를 조정해나갔다. 게다가 업무외적인 스트레스가 생겼다. 간부들 뿐 아니라 직원들에게도 동 주민센터의 변화는 무척 큰 스트레스였다.

우선 낯설어서 힘들었다. 게다가 직원의 수가 갑자기 많이 늘어난 것 자체가 큰 스트레스였다. 독산3동의 경우 '찾아가는 동 주민센터' 시범사업을 하면서 사회복지담당 팀장과 직원 6명, 방문간호사 2명, 취업관련 공공근로자 1명, 사례관리사1명 등 총10명이 증가했다. 그동안 23명이 근무하던 공간에서 33명이 근무하게 된 것이다. 변화된 업무로 인한 스트레스는 예상했지만 직원들이 늘어나면서 생기는 스트레스는 전혀 예측을 못한 부분이었다.

직원이 늘어나면서 개인의 업무 공간이 작아졌다. 인구밀도가 전보다 40%이상 높아진 것이다. 직원이 늘면서 전화통화가 많아졌고 직원을 찾는 민원인도 많아졌다. 전화로 인한 소음은 직원들을 예민하게 만들었다. 그동안 보건소의 조용한 공간에서 근무하다가 동으로 배치된 방문간호사는 소음으로 업무 집중도가 떨어진다며 힘들어했다.

게다가 손님과 방문 민원인들과 이야기 할 공간이 부족한 것도 직원들을 힘들게 하였다. 사생활과 관련된 상담을 해야 할 때, 빈 공간이 없으면 직원들은 이리 저리 빈 공간을 찾아 헤매야 했다. 모두들 난감했다. 기대보다는 불만을 이야기했다. 설령 바람직한 변화라 하더라도 변화는 모두를 힘들게 했다.

공공건축가를 만나다

주민센터 공간개선의 핵심은 직원들을 위한 공간을 만들면서도 주민들이 이용할 수 있는 공간을 늘리고 개선하는 것이었다. 서울시는 근무인원 증가에 맞춰 공간을 만들고 주민들이 편안하게 이용할 수 있는 공간을 만드는 과정에 공공건축가를 연결시켜주었다. 공공건축가라는 새로운 협력자의 등장은 기대감과 우려를 함께 주었다.

전문가와 연결하여 동 주민센터의 공간을 개선한다는 것은 앞으로 오지 않을 좋은 기회라는 생각이 들었다. 그동안 사무실 인테리어 공사를 많이 해보았지만 결과는 항상 아쉬웠다. 감각 있고 세련된 전문가가 코멘트를 해주면 더 좋을 것 같았다. 드디어 우리의 공간을 만드는데 있어 우리보다 아는 것이 많은 전문가와 함께 공간에 대해 논의할 기회가 생긴 것이다.

하지만 그동안 해보지 않았던 새로운 방식으로 일을 한다는 것은 두려움을 주었다. 공공건축가가 무슨 일을 하는지에 대해 우리는 정확히 알지 못하였다. 그동안 우리는 어린이집을 짓고 독서실을 짓고 주민센터를 지으면서 많은 건축가들과 함께 일을 하였다. 그들도 분명 공공의 건물을 지었는데 공공건축가는 그들과 어떤 차별성을 가지는 지 정확히 말해 주는 사람이 없었다. 그저 공공건축가는 우리가 건축가라고 불러왔던 사람들보다 공공성에 대해 더 의식이 강한 사람일거라고 막연히 추측할 뿐이었다. 명색이 서울시에서 연결해주었으니 기존에 만났던 사람들보다 더 유능한 사람일 거라는 기대를 가졌다.

그래서 공간개선 사업에 들어가기에 앞서 한 달 이상 직원들과 의견을 나누었다. 팀별로 직원들을 모아 회의하고 개별적으로 의견을 달라고 메일을 보내고, 내가 동장으로 있으면서 동청사와 관련하여 불편하거나 문제점으로 기록했던 것들을 정리했다. 공공시설물이라는 것이 지을 때는 많은 돈을 들여서 짓지만 일단 짓고 나면 예산이라는 벽에 부딪혀 아주 사소한 것 하나도 고치는 것이 쉽지 않은 터라 그동안 예산이 없어서 하지 못했던 모든 숙원사업을 해결하고 싶었다. 그것도 아주 세련되게.

우선, 직원들과 민원인들의 동선을 고려하여 민원대의 구조를 바꾸고 싶었다. 가장 안쪽에 위치한 주민등록 담당자의 자리는 위치적으로는 좋은 반면 끝이 막혀 있어 주민등록증을 처음 발급 받는 사람이 손가락의 지문을 찍으려면 민원인이 15미터가 넘는 민원창구를 돌아 안으로 들어가야 했다. 왕복 30미터는 결코 짧은 거리가 아니었다. 게다가 창구가 높아 민원인이 의자에 앉지 않았다.

주민센터를 찾아온 민원인들이야 불만을 말하는 사람은 없었지만, 민원대의 높이는 친절도 평가에서 우리 동이 지적되는 주요 원인이 되고 있었다. 공간 개선 이야기가 나오기 바로 전, 민원인에게 자리를 앉도록 권하지 않았다는 이유로 방문 민원 친절도 평가에서 최하위 점수를 받은 터였다. 민원 친절도 평가에서 점수가 낮은 데 대해 원인을 분석하는 자리에서 직원이 말했다.

"동장님, 민원대가 높아서 주민들이 앉질 않으세요. 앉으시라고 권해도 앉지도 않는데 자꾸 이야기 하는 것도 민망해요."

사실, 우리 동 주민센터 민원실의 민원대는 유난히 높았다. 동 주민센터를 건축할 즈음 성남시에서 주민이 사회복지직원에게 상해를 가하는 사건이 생기면서 나온 보완책이었던 것 같다. 불과 몇 년이 지나지 않았는데 높아진 민원대는 직원과 민원인에게 불편했다.

다음으로 민원서식대를 바꾸고 싶었다. '왜 민원인들은 서서 민원신청서를 써야할까?' 내가 다른 관공서에 가서 민원서식을 작성할 때마다 들었던 생각이다. 조금만 걸어도 다리가 아프고 의자만 보면 앉고 싶은 나이가 된 이후, 그런 환경을 조금이라도 고쳐보고 싶었다. 그리고 의자 모양과 배치도 바꾸고 싶었다. 왜 민원실에서 대기하는 의자는 담당공무원 앞에 나란히 있어야 하는 걸까? 편안하게 앉아서 기다리다가 자신의 업무를 처리하면 좋은 것 아닐까?

민원실을 카페처럼 만들면 좋겠다는 생각이 들었다. 그래서 주변의 카페를 다니며 사진들을 찍어댔다. 카페처럼 의자와 테이블을 놓으면 편안히 앉아서 민원서식도 작성하고 같이 온 사람들과 수다도 떨고 책도 읽을 수 있을 것 같았다. 그런데, 드디어 기회가 온 것이다. 서울시에서 '찾아가는 동주민센터'를 위해 공간개선을 도와주기로 한 것이다. 그래서 그동안 직원들이 원했던 것, 내가 하고 싶었던 것을 마구 집어넣었다. 내가 원하는 것들을 녹여 멋진 공간으로 탄생시켜주길 기대한 것이다.

민원실은 카페 같이 만들고 사무실 앞 화단은 없애서 산만한 풍경을 단정하게 바꾸고 민원창구의 높이는 낮추고 직원들의 동선을 효율적으로 바꿀 수 있도록 출입문도 만들고 사무실이 환기가 되도록 창문을 바꾸고 3층의 도서관에 온돌을 깔고 5층의 헬스장에 있는 밀폐창은 문을 열 수 있도록 만들고, 등등. 고쳐야 할 것은 끝도 없이 많았다. 하지만 사업에 참여하는 관계자 모두에게 나름의 꿈이 있었고 생각이 달랐다. 한정된 예산으로 모두의 꿈을 담을 수는 없었다.

공공건축가로 우리와 인연을 맺은 건축사무소 UIA 위진복 대표는 나의 요구사항들을 듣자마자 바로 반대의견을 말하였다. 그동안 우리가 만났던 사람들하고는 많이 달랐다. 그동안 만났던 사람들은 우리가 요구사항을 말하면 적어도 들어주는 척을 하거나 안 되는 이유를 친절하게 설명해주었다. 우리가 갑이 되어 요구사항을 말하고 설계자는 갑의 뜻을 담아내는 을이었다. 그는데 이번에는 달랐다.

"우리가 하는 공간 개선사업은 성격이 다릅니다. 서울시에서 400개가 넘는 주민센터를 공사하는데 있어 많은 돈을 들여 공간을 고치려는 것이 아닙니다. 적은 돈으로 주민의 공간을 만들어야 하고 주민들의 자발적인 기부와 참여가 필요합니다. 일도 함께 해주시고, 재료도 일부 가져다 주셔야 합니다. 그 일을 동장님이 맡아주세요."

"우리 공무원은 기부 받으면 안 되는데….."

"저는 기부를 받아서 일을 해 본 경험이 있어요. 동장님이 모든 것을 아는 것은 아니잖아요?"

우리는 첫 만남부터 의견 차이를 보였다. 그동안 한껏 부풀었던 꿈을 접고 나의 생각도 바꿔야겠다고 깨닫는 순간이었다. 한편으로는 당당하게 이야기하고 자신의 주장을 펼쳐나가는 모습이 더 큰 신뢰를 주었다. 내가 인테리어나 주민과의 협업에 대한 경험이 더 적으니 다른 사람에게 하나라도 더 배울 수 있다면 그것도 큰 소득일 것이라고 생각했다.

주민 참여 : 쉽지 않은 과정

첫 만남부터 주민참여와 기부를 말하여 나를 당황스럽게 만들었던 위진복대표는 설계를 설명할 수 있도록 주민들과 함께 할 수 있는 자리를 만들어달라고 했다. 그래서 주민들로 구성된 추진단 회의를 소집했다. 추진단에는 주민자치위원장과 간사, 영남초등학교 교장, 새마을금고 이사장, 통친회장이 참여하였다.

위진복대표는 공사와 관련된 사항을 설명하기 위해 가구디자이너 이종명작가, 인테리어디자이너 이걸주대표와 함께 나타났다. 회의를 시작하면서 위진복대표는 자신들이 이윤을 얻기 위하여 본 공사에 참여하는 것이 아니며, 상당부분 본 사업에 참여하는 작가들의 재능기부로 진행될 것이라고 설명하였다. 그리고 이 사업에 주민이 참여하고 자발적인 기부를 하는 것이 이번 공사의 기본 컨셉이라고 말했다.

위대표의 설명이 끝나자 설계의 기본 틀이 있는 상태에서 회의가 진행되리라 기대했던 위원들은 어이없어 했다. 한 마디로 실망한 것이다. 그들은 사업의 개념을 듣고 싶어서 온 것이 아니었다. 그들은 최소한 동사무소를 사용하면서 그동안 불편했던 출입문을 고친다거나 공사 후 변화된 모습을 담은 인테리어 설계도를 볼 수 있으리라고 생각했던 것이다. 그리고 그 설계안을 보면서 자신들의 의견을 제시하고 싶었던 것이다.

위대표의 설명이 끝나자 곽준근 새마을금고 이사장님은 업자가 이익이 남으니 참여하는 것이 아니냐며 반론을 제기했다. 위진복대표와 이종명작가는 이윤보다는 일이 재미있을 것 같아 참여한다고 말하였다. 자신들은 공공건축가로서 공무원 중심이었던 공간을 주민의 중심의 공간으로 바꾸는 일에 참여하고 싶다고 했다. 임영규 주민자치위원장님이 사업하는 사람이 이윤을 따지지 않는 것이 말이 되냐며 큰소리로 말하였다. 갑자기 분위기가 험악해졌다.

주민들 입장에서는 사업하는 사람이 이윤에 관심 없이 일을 한다는 것을 믿을 수 없었던 것이다. 순식간에 벌어진 일이었다. 나는 중간에서 말도 안 되는 소리를 하지 말라며 흥분한 주민들의 마음을 누그러뜨려야 했고 한편으로는 영문도 모른 채 주민들의 항의를 받으면서 일의 진행과정을 설명해야하는 위대표를 포함한 사업 참여자들에게 미안한 마음이 들었다. 결국 주민들은 설계안이 나온 다음에 다시 만나자고 하였다.

"이거야 원, 무슨 그림이라도 가져와야 이야기를 할 것이 아닌가? 설계도를 그려오면 그 때 다시 이야기 하자고. 오늘 회의는 이것으로 끝냅시다."

"아~, 제가 잘못했습니다. 사전에 일이 진행되는 과정을 충분히 말씀드렸어야 하는데....."

나는 공사를 시작하면서부터 공공건축가가 공사의 개념과 진행과정을 설명하고 주민들의 의견을 듣는 과정이 필요하다고 생각했다. 초기부터 주민들의 의견을 듣고 시작하는 것이 훨씬 더 좋은 결과로 이어질 수 있다는 생각이었다. 하지만 주민들은 조금 다른 것 같았다. 그동안 주민들은 일이 시작되는 단계에서부터 참여해본 경험이 적었다. 대부분이 공무원들이 미리 만들어 놓은 자료를 검토하고 자신들의 의견을 내는 것에 익숙해 있던 터였다. 그래서 그런지 그들은 처음부터 개입한다는 사실을 즐기기보다는 당황스러워했다. 첫 회의는 그렇게 끝났다.

두 번째, 세 번째 회의를 거치면서 좀 더 나아졌다. 위대표는 그림이 들어간 설계안을 가져왔고 참여자들도 공공건축가가 일하는 방식에 조금은 적응이 된 듯했다. 설계에 대한 의견도 제시하였다. 의외였던 것은 주민들이 공무원보다도 더 공무원 입장에서 공간 설계에 대한 의견을 준 것이다.

설계자가 동 주민센터에 화분을 놓는 안을 이야기하면 주민들은 공무원이 어떻게 화초를 키우느냐며 화분 가꾸는 일을 걱정하였고 공간을 개방적으로 만드는 것에 대해 이야기하면 모든 공간에는 물건을 감출 공간이 필요하다고 이야기하였다.

이미 동 주민센터는 공무원의 공간이기도 했지만 주민들의 공간이기도 했던 것이다. 특히, 주민자치위원장은 직원만큼이나 주민센터를 자주 찾아왔고 무엇이 공무원을 불편하게 하는지, 공무원이 어떻게 생활하고 있는지를 너무 잘 알고 있었다. 그렇게 때로는 공무원의 이야기와 주민들의 이야기, 전문가의 이야기가 오가며 설계가 완성되어 갔다.

주민의 공간이 된다는 것

주민센터 공사와 관련하여 가장 중요한 것은 증가하는 직원들이 사용할 공간과 주민의 공간을 만드는 것이었다. 직원들이 사용할 수 있는 공간을 넓히되 주민센터 자체가 공무원이 아닌 주민을 위한 공간이 되어야 했다. 그래서 근무하는 직원들의 건강을 위해 그리고 동 주민센터를 찾는 주민들을 위해 공원 같은 공간, 쾌적한 공간, 주민이 함께하는 공간을 만들자고 했다.

설계도에는 민원실에 샹들리에처럼 빛날 토마토를 거꾸로 심는 화분을 배치하는 것을 포함하여 사무실 곳곳에 화분을 놓고 내부를 'ㄷ' 로 둘러싸고 있는 벽을 허물고 격자모양의 틀을 만들어 채광과 환기를 개선하는 것을 포함하고 있었다.

예산의 문제는 거의 고려되지 않았다. 애초부터 주민참여와 기부를 운운했던 터라 돈이 부족하면 자원봉사나 기부를 통하여 해결하는 것으로 생각했다. 예산은 생각하지 않은 채 공사와 관련한 수많은 계획과 구상을 공유했던 내 마음은 위진복대표와 달랐다.

위대표가 화분에 식물을 심어 사무실을 장식하자고 이야기하면 그 많은 화분에 누가 물을 주고 관리할 것인지를 고민하였다. 위대표가 벽을 철거하고 격자 모양의 틀을 만들자고 이야기하면 격자틀의 바닥에 쌓인 먼지를 어떻게 감당할 수 있을지 고민되었다. 그러나 설계가 완성되고 그에 따른 공사비를 계산하기 시작하면서 이런 고민들의 대부분이 해소되었다. 우리에게 주어진 예산으로 할 수 있는 일들이 그다지 많지 않았던 것이다. 그동안 너무 많은 김칫국을 마셨다.

위대표는 덜 필요한 부분부터 정리하기 시작하였다. 주어진 예산으로는 공원 같은 민원실을 도저히 만들 수 없었다. 자연스럽게 그 많은 화분에 누가 물을 줄 것인지에 대한 고민도 없어졌다. 적은 예산으로 공간 개선의 여지가 많지 않음에도 위대표는 수시로 질문을 던졌다.

"이 동네 특징은 무엇인가요? 그리고 가장 필요한 것이 무엇인가요?"

그러면 나는 "우리 동네에는 다문화가족이 7,000명 정도에요. 우리구에서 제일 많아요."

"어르신들이 쉴 공간이 부족해요. 여름이 되면 어르신들이 집 앞 문턱에 나란히 앉아 이야기하는 모습을 쉽게 볼 수 있어요." 등등. 같은 질문에도 물어볼 때마다 조금씩 다른 대답을 했다.

"그럼, 동사무소에 다문화 가족을 위한 카페를 만들면 어떨까요?"

"아, 다문화가족은 많지만 그들을 위한 카페수요는 많지 않아요. 그들 대부분이 아침 일찍 일하러 나가서 늦게 돌아오거든요."

"그럼, 어르신들을 위한 음악다방은 어떤가요?"

"글쎄요. 그분들이 음악을 들으러 동 주민센터에 오실까요? 그리고 근무시간에 음악을 틀어놓기는 좀 어려운데요. 시끄러우면 직원들이 일하기 힘들어요."

"음악다방은 업무 끝나고 하면 되잖아요?

"어르신들은 대부분이 일찍 집에 들어가는데 밤에 운영하면 오시겠어요?"

"..... 그럼, 동사무소 앞은 주로 무슨 용도로 쓰나요?"

"잘 쓰지 않아요. 한 달에 한 번 정도 녹색장터가 열려요."

"녹색장터에 사람들은 많이 오나요?"

"그렇게 많지는 않아요. 학생들이나 아동을 참여시키려는 시도를 해 봤는데 아무래도 도로변이라 위험하다고 직원들이 말려서 못 해봤어요."

위진복대표는 끊임없이 질문을 쏟아 부었고 나는 때로는 부정적으로, 때로는 긍정적으로 대답했다. 주민의 공간을 만드는 것은 아이디어와 시간을 요구했고 많은 예산도 필요했다. 수많은 대화가 오간 뒤 서로의 의견을 조율했고 예산이 되는 범위에서 주민이 이용할 수 있는 공간을 만들기 위해 노력했다.

가장 먼저 민원대가 철거되었다. 너무 높아 주민들이 앉지 않는다는 데 모두의 동의가 이루어진 것이다. 새로운 민원대는 '우리동네 미술관' 이라는 컨셉을 가지고 주민들과 함께 만들었다. 700개의 타일에 주민들이 그림을 그려 넣었고 그 중 600개의 타일을 민원대 전면에 붙였다. 색깔도 공무원과 민원인들이 가장 무난하다고 생각되는 갈색무늬가 있는 베이지색에서 빨간색으로 변했다.

민원실을 들어올 때 밀어야 했던 무거운 유리문은 자동문으로 바꿨다. 민원실의 의자와 민원필기대도 바꿨다. 그동안 민원서식을 서서 작성하도록 만들어진 민원필기대는 사라지고 그 자리에는 민원인들이 앉아서 쉬거나 필요한 서류를 앉아서 쓸 수 있도록 테이블과 소파가 들어왔다. 민원실이 카페 같은 공간으로 바뀐 것이다. 바뀐 가구와 인테리어는 주민들의 행동도 변화시켰다.

우리동네 미술관 타일작업

민원처리를 위해 찾아오신 분들은 민원실에 들어서면 의자에 앉아서 기다렸고 엄마 손을 잡고 온 아이들은 소파에 앉아 놀았다. 타일그리기 작업에 참여했던 아이들은 자신들이 그린 타일을 찾아 기어다니며 놀았다. 민원실에서 불안하게 앉아 기다리는 모습은 사라졌고 사무실의 공기도 많이 좋아졌다. 공간의 모습이 바뀌면서 주민들의 모습이 달라진 것이다. 공사가 끝난 뒤 주민센터에 찾아온 주민이 주민센터를 나가면서 말했다.

"전에는 동사무소 같았는데 지금은 완전히 달라졌어요. 세련된 민간 사무실에 온 느낌이에요."

빨간 색 민원대가 들어오던 날

공사는 생각보다 늦게 시작되었다. 애초에는 시범 동인 우리 동 주민센터 공사를 다른 동 주민센터보다 먼저 공사를 하기로 했었다. 하지만, 여러 가지 행정 여건을 고려하여 열 개동이 함께 시작하기로 하였다. 결국 열 개 동이 함께 모여 의견을 나누고 보완하면서 설계가 진행되었고 공사는 7월 준공을 목표로 6월이 되어서야 시작했다.

주민센터 업무 특성상 평일에 쉴 수가 없었기 때문에 공사는 근무시간이 끝난 뒤 하거나 토요일과 일요일에 진행되었다. 공사기간이 짧은데다 공사를 할 수 있는 시간이 적어 공사하는 사람들도 고생하였지만 직원들의 고생은 이루 말할 수 없었다.

평일에는 두 명씩 밤을 새며 공사를 지켜봐야 했고 업무가 있으면 밤을 새고서도 다음날 퇴근하지 못한 채 일을 해야 했다. 일찍 퇴근했던 직원들은 다음날 아침, 일찍 출근하여 전날 밤에 공사하면서 생긴 먼지를 청소해야했다. 그러다보니 업무가 밀리는 경우도 있었고 업무가 많은 직원들은 그 더운 여름 날, 먼지 때문에 에어컨도 켜지 못한 채 비닐을 뒤집어쓰고 일했다.

나 또한 직원들의 고생을 지켜보면서 공사하는 기간 내내 밤 12시에 퇴근했다가 새벽에 출근하기를 반복했다. 한 달 가까이 리듬을 깨는 생활이 지속되다보니 힘이 들고 신경이 예민해졌다. 공사가 마무리 될 즈음 설치된 민원대는 나를 더욱 힘들게 만들었다.

금요일 밤에 기존에 있던 민원대가 철거되었다. 다음날인 토요일에 새로운 민원대를 받칠 앙상한 철재 틀이 도착했다. 틀과 틀을 잇는 용접이 끝나자 그 위에 검정색이 칠해졌고 철재 위에 목재가 얹어졌는데 빨간 색이었다. 내가 기대했던 것과는 너무 달랐다. 설계할 때는 민원대가 너무 커서 현장에서 설치된다는 말만 들었을 뿐 색깔에 대해서는 언급이 없었다. 당연히 밝은 그린 색 계열이거나 베이지 색 계열이려니 생각했다.

빨간 색의 민원대는 철재의 검정색과 대비되어 더욱 강렬해 보였다. 순간 정신이 멍해졌다. 15미터 책상이 빨간 색이라니. 그토록 기다란 빨간 색 책상이 들어오리라고 상상하지 못했었다. 더구나 나는 공무원에 임용되자마자 24센티미터도 안 되는 빨간 구두를 신었다고 지적받은 사람이 아니던가? 도저히 이해할 수 없었다.

〈공사 전〉

〈공사 후〉

너무 걱정이 되어서 디자이너에게 "빨간 색이 괜찮을까요?"라고 물으니 "마감재 바르고 유리를 깔면 예뻐요."라고 아무렇지도 않게 대답한다. 더 이상 말을 하지 못하고 집으로 돌아오는데 발길이 떨어지지 않았다.

내가 공무원에 임용되어 생활해온 25년 동안 어느 곳에서도 빨간색 책상을 본 적이 없었고 써 본 적은 더더욱 없었다. 관공서에서 쓰는 모든 책상은 나무무늬의 연한 베이지색이거나 연한 회색이었다. 직원들은 책상의 색상과 관계없이 책상 위에는 초록색 부직포와 유리를 깔고 사용했다.

빨간 색 책상이 들어오는 것을 본 날 밤, 나는 잠을 제대로 이룰 수 없었다. 하루 종일 책상 앞에 앉아서 일하는 민원 담당 직원들이 일하면서 책상의 빨간 색을 견딜 수 있을지 걱정되었다. 민원인들이 빨간색 때문에 스트레스를 받는 것은 아닌지, 시도 때도 없이 찾아오는 진상민원인들이 빨간 색 민원대를 보며 더 흥분하는 것은 아닌지를 걱정하면서 밤새 뒤척였다. 결국 새벽녘에 이 생각, 저 생각을 모두 접고 '직원들이 싫다고 하면 초록색 부직포를 깔아야겠다.'는 결론을 내린 뒤에야 눈을 붙일 수 있었다.

아침 일찍, 사무실에 도착하자마자 민원담당 직원들에게 책상이 어떤지 물어보았다. 그런데 돌아온 대답이 너무 간단하였다. 간단하다 못해 허무하였다.

"왜요? 책상에 무슨 문제 있나요?"

"아니요. 빨간 색인데 괜찮아요?"

"그냥, 뭐, 예쁜데요."

직원들은 괜찮은 모양이었다. 내가 색 감각이 없는 걸까? 아니면, 디자이너에게 남다른 색 감각이 있는 것일까? 디자이너 말대로 마감재를 바르고 유리를 깔고 나니 빨간 색 민원대도 제법 예쁘게 보였다. 현재 빨간 색 민원대는 공연이나 영화상영이 있을 때 스크린을 받치는 경계선 역할을 훌륭하게 수행하고 있다.

주민센터에 극장이 생기다

독산극장은 우연히 만들어지게 되었다. 대부분의 발견과 발명이 우연히 일어나는 이치와 비슷하다고 해야 할까? 아니면, 도전과 포기가 반복되는 가운데 일어나는 것과 비슷하다고 해야 할까? 독산극장의 탄생 또한 변화를 갈망하며 제기된 계속되는 질문과 시도 속에서 우연히 탄생한 결과물이었다.

우리는 동주민센터 공간을 변화시키는 과정에서 전과 조금은 다른 변화를 만들고 싶은 욕구가 있었다. 결국 세련된 공간은 탄생하였지만 큰 임팩트를 줄 수 있는 공간은 되지 못하였다. 주민들이 이야기한 것처럼 공사를 통해 세련된 사무실의 모습으로 변화된 것뿐이었다. 그래도 우리는 새로운 모습에 들떠 흥분했다. 공사가 끝난 다음 우리 동 주민센터가 시장님의 방문지로 결정되지 않았다면 그

흥분만으로도 충분히 만족했을 것이다.

그런데 2015년 7월, 서울시에서는 '찾아가는 동주민센터' 사업의 성과를 현장에서 확인하기 위해 시범사업을 했던 지역을 시장님이 방문한다는 연락이 온 것이다. 이 사업과 관련된 사람 모두에게는 조금은 더 세련되게 마무리하고 싶은 욕구가 있었다. 그래도 시장님이 오신다는데 유리창을 닦고 책상을 반듯하게 놓는 것 이상의 무엇을 하고 싶었다. 우리는 공유공간에 대해 이야기하기 시작하였다. 공유공간을 만들어내고 그 공간을 주민과 함께 하는 것은 계속된 숙제였다.

새로운 공유공간을 찾아내자는 데는 구청이나 동 주민센터나 이견이 있을 수 없었다. 그러던 중, 위진복대표가 우리동 민원실을 극장으로 만드는 것이 어떻겠냐고 물었다. 시간의 분할을 통해서 공유 공간을 확장하는 것이라고 했다. 같은 공간이지만 민원창구 위에 스크린을 설치함으로써 공간을 변화시킬 수 있다고 했다. 낮에는 동 주민센터였지만 밤에는 주민을 위한 공간이 되면 얼마나 좋겠냐며 흥분했다. 비용이 많이 드는 것도 아니었다. 위진복대표가 시간 분할을 통해 공간을 재창출하자는 이야기를 처음 꺼냈을 때는 찬성할 수 없었다.

위대표의 흥분이 걱정스러웠다. 시장을 맞이하기 위한 1회성 이벤트는 아닌지 검토해볼 일이었다. 언제부턴가 1회성 이벤트로 많은 돈을 없애는 것이 싫었고 뒷감당을 해야 하는 직원들의 처지를 걱정하지 않을 수 없었다. 게다가 위대표의 의견이 막연했다.

극장을 만드는 것이 이벤트로 발표하기에 멋있는 일이 될 수 있지만 그것을 운영하려면 예산이 있어야 했고 직원들에게는 업무가 증가한다는 것을 의미했다. 위대표의 의견이 나오자 직원들은 누가 극장을 운영할 것인가와 극장만 만들어놓고 운영을 하지 못하게 될것에 대해 걱정하였고 주민들은 예산을 낭비한다고 비난했다.

굳이 민원실에 극장을 만들지 않더라도 우리 주민센터 내에는 많은 공유공간이 있었다. 우리는 듣기에 그럴듯한 '공간분할', '시간분할'을 운운하며 새로운 공간을 만들어야 할 필요성을 별로 느끼지 못했다. 새로 생기는 극장도 새롭다는 생각이 들지 않았다. 센터 4층에 있는 100명 이상이 들어갈 수 있는 강당에 스크린이 있어 충분히 극장으로서의 역할을 할 수 있다고 생각했다.

어떤 주민은 그 돈이 있으면 그 동안 예산이 없어 고치지 못한 동주민센터 시설 보수에 쓰는 것이 더 좋겠다고 했고 어떤 주민은 어려운 사람을 돕는 데 쓰라고 했다. 주민자치위원장은 내가 카페 같은 동사무소를 만들고 싶다고 할 때부터 반대하셨던 터라 극장에 대해서는 더 더욱 부정적인 의견을 주셨다. 무엇보다도 담당팀장이 강력하게 반대했다.

"동장님, 우리 사무실 직원들이 동장님 앞에서는 아무 말을 못하고 있지만 뒤에서는 모두 걱정하고 있어요. 지금도 직원들이 시범사업을 하느라고 다른 동보다 훨씬 더 많은 일을 하고 있어요. 극장을 만들면 일이 정말 많이 늘어나요. 그 일을 한다고 해도 구청에서 직원 한명이라도 줄 것 같아요? 사람도 안 주고 일만 늘어날 것이 뻔한데, 제발, 일 벌이지 마세요. 직원들에게 너무 가혹해요. 저는 동장님이 극장 만드는 것을 진행하면 한 달 휴가를 내거나 공사를 할 수 없도록 드러눕겠습니다."

팀장이 내가 하는 일을 반대하기 위해 한 달 휴가를 낼 리도 없고 공사를 막겠다고 드러누울 리가 없다는 것을 알지만 그렇게 이야기하는 마음을 충분히 알 수 있었다. 팀장입장에서는 직원들의 보상 없는 고생이 싫은 것이었다. 마음을 결정하기가 쉽지 않았다. 한편으로는 하지 않은 것에 대해 후회할 것을 걱정하고 다른 한편으로는 일을 저질러서 맞이하게 될 비난과 뒤처리를 걱정했다. 혼자서 프로스트의 '가지 않은 길'을 생각했다. 결국 극장 설치를 반대하며 걱정하는 직원들을 모아 회의를 했다.

"직원들 중 한 사람이라도 반대하면 극장 만드는 일은 추진하지 않겠습니다. 제가 여기에 언제까지 있을 것도 아닌데 직원들을 힘들게 하고 싶지는 않아요. 의견을 주세요."라고 말문을 열었다.

그리고 시설 공사를 마치고 예산이 없거나 여건이 안 되어 극장을 운영하지 않아도 설치된 시설과 물건들은 모두 다른 용도로 활용할 수가 있어 예산 낭비를 했다는 지적을 받지 않을 것이라고 말했다.

"요즘은 시대가 변하고 있으니까 변화를 시도하는 것도 나쁘지 않겠네요."

"한 번 해보죠 뭐."

"저희가 너무 걱정했나 봐요. 같이 이야기 해보니 마음이 편해지네요."

공사를 반대했던 직원들이 함께 이야기하면서 찬성으로 돌아섰고 직원들이 설득되니 주민 설득은 쉬었다. 그동안 동장이 새로운 시설을 만들려고하면 말리라고 말씀하시던 주민자치위원장님의 마음이 조금씩 움직이는 것을 알 수 있었다. 직원들이 흥분해서 이야기하고 신나게 이야기하자 다른 주민들도 동에 멋진 문화시설이 생기겠다며 기대를 보이기도 했다. 그렇게 일은 추진되었고 독산극장이 탄생하였다.

시장님을 모시고 극장 개소식을 하면서 돈을 쓰지 않고 영화를 상영할 방법을 찾았다. 영화감독을 섭외하여 상영작을 결정하고 저작권 문제를 해결하였다. 감독의 해설이 있는 영화 상영을 했는데 생각보다 많은 주민들이 영화를 보며 즐거워하고 있었다.

"극장, 계속 운영해야 할 것 같은데요." 라는 말이 들렸다.

팝콘 없는 극장, 주민들의 공유 공간

2015년 7월 22일 주민센터 민원실에서 첫 영화상영이 있던 날, 민원실이 극장으로 변하여 영화를 보는 모습은 새로운 풍경을 만들어냈다. 버스를 타고 지나가던 사람들이 신기한 듯이 바라보았다. 민원대를 경계로 내려온 스크린 위에 화면이 나오고 주민센터 전면을 막고 있던 폴더 문을 열고 주민센터 입구 공간에 앉아 영화를 보는 것도 나름 운치가 있었다. 야외영화관과 실내영화관을 합해 놓은 모습이었다.

독산극장에서 첫 영화 상영이 있은 후 다음 영화는 언제 상영하느냐고 묻는 전화를 종종 받았다. 동 주민센터 전면에 있는 독산극장이라는 간판을 보고 독장극장이 몇 층에 있냐고 묻는 사람들도 있다. 심지어 다른 부서에 근무하는 직원들도 비슷한 질문을 한다.

"동장님, 독산3동은 영화를 매일 상영하나요?"

그런 질문을 받으면 난감해진다. 우리가 붙인 이름인데도 어쩐지 겸연쩍다. 사실대로 말하자면, 주민센터에는 우리가 생각하는 극장이 없다. 푹신한 의자도 없고 암막커튼도 없다. 팝콘 냄새는 맡을 수도 없다. 한 마디로 극장이라고 생각되는 공간 자체가 없다. 게다가 영화를 상영할 예산도 없다.

설계자의 말대로 극장은 공간분할이 아닌 시간 분할을 통해 탄생하는 것이다. 평소에는 민원실이지만 근무시간이 지나고 민원대를 경계로 하여 민원대 위로 스크린이 내려오면 영화관처럼 커다란 스크린이 생기고 그 위에 영화가 상영되면 극장이 되는 것이다. 낮에는 아무리 찾으려 해도 찾을 수 없는 극장, 그럼에도 영화를 볼 수 있는 곳. 독산극장은 독산3동 주민센터 민원실의 또 다른 이름이다.

영화를 상영할 수 있는 까닭에 공연이나 영화 상영을 하는 날에는 우리는 행사장소를 동 주민센터 민원실이라고 하지 않고 당연한 듯이 '독산극장' 이라고 쓴다. 우리끼리는 아무렇지도 않은 듯 독산극장이라고 말하지만 누군가 독산극장에 대해 물어보면 어쩐지 겸연쩍어 머리를 긁적이게 된다. 극장이라고 말을 해도 정말 괜찮은 걸까?

예산도 없는 상황에서 한 번의 영화 상영을 마치고 영화 상영에 대한 질문을 자꾸 받게 되자 구청의 도움을 받아 힘들게 영화 상영을 한 번 더 했다. 그런데 고민이 더 커졌다. 다음 영화는 언제 상영하느냐고 물어보는 사람들이 더 많아진 것이다. '산 너머 산' 이라는 표현이 맞을 듯하다. 그런데, 일이라는 것이 참으로 신기하다. 일을 할수록 문제는 커져만 가는데 우리에게는 그 문제를 해결할 능력이 생기는 듯했다.

처음에는 누가 극장 일을 맡아 운영할 것인가에 대해 논의하는 것조차 힘든 일이었는데 시간이 가면서 '하느냐 마느냐' 가 아니라 몇 번 할 것인지가 문제가 되고 있었다. 결국 직원들은 힘들어서 극장운영을 할 수 없다는 이야기를 하지 않고 예산만 준다면 극장을 운영하겠다고 대답했다.

시간이라는 위대한 약은 상황을 변화시키고 있었다. 그렇게 직원들도 변하고 주민들도 변해가는 중에 희소식이 들렸다. 구에서 문화 사업을 할 수 있도록 동별로 500만원을 내려준 것이다. 우리는 가을까지 극장을 안정적으로 운영할 수 있는 예산을 확보하게 된 것이다.

대부분의 동에서는 500만원으로 동네 음악회를 한다거나 1회 공연을 하고 끝냈지만 우리 동은 빛 그림자 공연, 현악4중주, 금관악기 5중주, 클래식기타 공연, 성악, 지역아동센터 아동들의 공연, 인근 중학생들의 공연 등 그 동안 주민센터에서 할 수 있으리라고 생각하지 않았던 공연을 9번이나 한 것이다.

주민센터 업무가 끝난 뒤 극장에서 매주 공연을 하기로 하면서 공연을 준비하고 마무리하는 것은 일상적인 업무의 한 부분이 되었다. 10월 마지막 주 금요일, 마지막 문화 공연이 있던 날에는 직원들이 얼마나 빨리 공연을 위한 준비하고 마무리했던지 직원들 스스로가 놀랄 정도였다. 직원들은 마지막 공연을 정리하고 뒤풀이하면서 극장운영이 힘들었지만 추억이 많았다고 서로를 칭찬하고 위로했다.

"공연하러 온 사람들이 독특한 풍경이 너무 감동적이고 좋았다고 말했어요."

"임주임, 완전 명 사회자예요. 그 실력 아까워서 어쩌죠?"

"아~, 장주임, 두 분 모두, 음향기계를 너무 잘 다루던데요."

"세팅하고 정리하는 데 10분도 안 걸렸어요. 이제 완전히 선수 다 됐어요."

"주민들도 좋아했지만 우리 직원들이 제일 좋았던 것 같아요. 행사를 준비하고 마무리하느라 모든 공연을 다 관람했잖아요? 올 가을에 제대로 문화생활 했어요."

"하면 다 된다니까요."

게다가 민원대 위로 내려오는 스크린은 영화상영 시에만 쓰이는 것이 아니다. 영화 상영이나 행사가 없는 날에도 업무가 끝난 후 스크린을 내리면 스크린은 업무공간과 외부를 분리시키면서 사무실을 아늑하게 만들어준다. 게다가 토요일에는 엄마와 아이들이 어우러져 녹색장터(벼룩시장)을 여는 공간으로도 사용된다. 극장이 아니지만 극장이라 불리고, 주민들의 공유공간이 되는 민원실을 보면서 공간에 대한 개념을 다시 생각한다.

일 끝내고 후회하기

동주민센터 공간개선 공사도 공공건축가가 참여하고 주민들의 의견을 반영하는 과정을 거쳤는데 정말 좋기만 하였는지 다시 한 번 생각하게 된다. 끊임없는 협상과 조정, 타협을 통해 서로가 만족하는 결과를 만드는 것이 좋은 거버넌스의 조건이라면 성공을 향한 발걸음은 뗐다는 생각이 든다.

주민센터에 공공건축가가 참여하게 된 것은 새로운 시도였다. 그동안 관공서의 대부분의 일은 공무원시각을 중심으로 하고 민간인의 생각을 투입하였다. 공공의 건물은 더 더욱이 공무원의 시각으로 만들어졌다. 관공서가 주민의 공간이기도 했지만 그곳에 가장 오래 머무르는 사람은 공무원이었고 공무원의 일터였던 것이다. 그래서 주민의 의견은 참고로 듣는 것이었고 대부분의 중요한 결정은 공무원이 하였다. 그런데, 이번 프로젝트는 달랐다. 키를 공공건축가가 쥐고 있었다.

건축이나 설계부문에 있어서는 공공건축가가 우리보다는 전문가라는 점이 우리를 위축시켰다. 우리는 공공건축가의 시각과 결정을 따라가고 있었다. 어떤 경우에는 관공서를 공무원의 공간이 아닌 주민들의 공간이라는 인식을 주기 위해 참여하는 것 같았다. 그들은 우리에게 자상하지 않았다. 우리의 주장과 시각이 잘못됐다고 말하는 것 같았다.

그 동안 공사를 하게 되면 발주자인 우리는 갑이 되고 설계자는 을이 되어 우리의 요구를 담아냈다. 아이러니하게도 비전문가의 의견이 전문가의 의견보다 위에 있었던 것이다. 그러나 이번 공사에 있어 공공건축가의 참여는 전과 다른 방식이었다. 동사무소 공간

개선에 참여한 공공건축가는 을이라기보다는 갑이거나 적어도 파트너였다. 공간개선을 함께 고민하고 전문가로서 우리에게 의견을 제시하였다.

독산3동 주민센터 민원실 인테리어 공사에는 설계자, 가구디자이너, 인테리어디자이너가 참여하였다. 세 사람이 함께 모여 이야기할 시간을 만들기는 어려웠지만 함께 이야기를 하면 항상 새로운 합의점이 도출되었다. 창문의 디자인, 벽의 모습, 벽에 칠할 페인트 색 등이 결정되었다. 색에 대해 더 감각적인 가구디자이너가 벽을 황토색으로 하자고 하면 쉽게 동의가 이루어졌고, 인테리어디자이너가 창문의 틀을 격자로 만들고자하면 그렇게 결정되었고 벽을 헐고 수직으로 나무를 짜서 넣자고 하면 그 또한 쉽게 결정되었다.

직원과 주민이 의견을 제시하고 그 의견에 따라 디자이너가 아이디어를 주고 결정하면 되었다. 가끔은 얼굴을 붉히고 큰 소리로 이야기하기도 했지만 이야기가 끝날 즈음에는 "내 목소리가 원래 조금 크니까 이해해 달라."는 말이 오갔다. 이것이 민관 거버넌스의 힘이라는 생각도 들었다. 하지만 아쉬움도 많았다. 민관 거버넌스라는 이름으로 우리는 을의 입장을 경험한 것이다. 더 정확하게 말하자면 온전히 의사가 반영되지 않았을 때 느끼는 수요자의 기분을 맛본 것이다.

중요한 일에 대한 결정은 합의를 통하여 정리되었지만 사소한 것들에 대해서는 그럴 여유가 없었다. 모두 준공기한이 촉박함을 인식하고 있었고 전문가가 우리보다 낫다는 믿음이 강하게 작용하고 있었다. 그 정도에 대해서는 묻지 않고 처리하는 데 대한 암묵적 합의가 있었던 것이다. 예를 들어 의자를 바꾸고 테이블을 놓는데 합의를 하면 어떤 모양을 원하는 지, 재질은 무엇을 선호하는 지 묻지 않았다. 우리도 그러는 편이 더 나으리라 생각했다. 하지만 결과는 그렇지 않았다.

물건을 사용하는 사람은 우리와 주민이었던 것이다. 민간의 공사를 주로 공사했던 그들은 관공서의 특성을 모두 알 수는 없었던 것이다. 디자이너들이 아무리 깔끔하게 디자인했어도 가구가 동주민센터의 민원실에 배치되는 순간 바로 어수선한 모양이 되었다. 인테리어를 맡은 이걸주대표는 동주민센터에 이토록 많은 사람이 오는지 몰랐다며 당황했다.

관공서는 남녀노소 모두 찾는 곳이고 다양한 계층의 사람들이 찾는 곳으로 예쁘고 우아한 것보다는 실용적이고 안전한 것이 더 우선이라는 것을 인식하지 못한 것이다. 우리는 일이 마무리되어갈 즈음, 대체로 만족하는 공사를 되돌아보면서 업무의 과정마다 꼼꼼히 살피고 적극적으로 관여하지 않았음을 후회했다.

자율적 거버넌스를 위하여

위 진 복 UIA 대표/서울시 공공건축가

영국건축가 리차드 로저스(Richard Rogers)는 건축가의 서비스 대상이 '하나는 발주자로서 건축구(client)와 다른 하나는 행인(passers-by)이라 얘기하듯이, 민간이든 공공이든 모든 건조환경(建造環境, build environment)는 분명히 공공의 영역에 있고, 건축가는 사적, 공적 이익을 조율하는 어렵고, 운명적인 역할을 하고 있다.

반세기 넘게 변함없는 유형으로 주민에게는 불가피한 업무를 해결하는 공간이었던 '센터' 라는 이름의 동주민센터는 행정과 건축의 멋진 협업으로 2015년 여름, 독산3동 주민공유공간인 '독산극장' 으로 다시 태어나게 되었다. 독산3동 주민센터를 계기로 '공간을 기획하는 행정, 행정을 견인하는 공간' 의 더 많은 창의적 기획들이 만들어지길 바란다. 대부분의 공공건물은 주민들에게 답답한 공공공간으로 인상 지어져 있기에, 이를 넘어서 주민을 위한 복합적 거점으로 변화하기를 기대한다. 이러한 공간재조직화를 위한 행정과 전문가와의 협력사업을 통해 지속가능한 모델로서 자율적 거버넌스가 정착되리라 믿는다.

이 자리를 빌어, 주민들을 포함하여 많은 공무원과 전문가들이 같이 만들어 낸 '독산극장' 이라는 브랜드를 훌륭하게 시각화해 준 그래픽 디자이너 김홍성, 저의 디자인을 독려하고 시공을 멋지게 마무리해준 디자이너이자 시공자 이걸주, 대한민국 최초로 빨간색 민원대를 탄생시킨 가구디자이너 이종명, 그리고 금천구청장님의 위험한(?) 신뢰, 서울시 자치행정과, 도시공간개선단, 그리고 금천구청 마을자치과 유병관 과장님, 이문희팀장, 주은경 주무관, 김효진 주무관 등의 멋진 기획, 지, 협력, 그리고 가장 어려운 현실을 고민하면서 공사기간 동안 함께 독려하고 노력봉사해주신 동직원들에게 감사드리고 좋은 협력자의 인연이 계속되기를 바란다.

이미숙 동장님을 믿고 사고를 쳤지만 이렇게 좋은 과정으로 지금까지 노력해 주신 점 감사드리고 '극장사장님'으로 독산극장 사업이 번창하시길 바란다. 고대 그리스 철학자 '헤라클리투스'의 금언, '누구도 똑같은 강을 다시 건널 수 없다(No man steps in the same river twice.)처럼 세상은 항상 변하며, 독산3동은 그 변화의 시작일 뿐이다. 앞으로 더 많은 변화를 기대해 본다.

"전에 계시던 동장님도, 전전에 계시던 동장님도
쓰레기 무단투기를 줄이려 노력하셨는데 어차피 동네는 마찬가지예요.
쓰레기 무단투기는 안 없어져요.
동장님도 고생하시다가 뒷목 잡고 쓰러지지 마시고 이제 그만 하세요.
골목길은 우리들이 청소할게요."

2. 주민과 함께 일하기

다문화가정 아동을 돌보는 청소년들

우리 동에는 우리 구에서 가장 많은 다문화가족이 살고 있다. 남문시장을 중심으로 7천여 명이 살고 있다고 하니 적지 않은 숫자다. 어찌 보면 그들이 없으면 우리 동네의 활력이 사라질 것 같은 걱정이 들기도 한다. 그래서 2014년 7월 구청장님이 우리 동을 찾았을 때 그들이 필요로 하는 일이 무엇인지, 우리와 연계할 수 있는 일이 있는지에 대한 의견을 듣기 위해 다문화가족들과의 간담회를 하게 되었다.

이런 저런 이야기가 오가는데 한 참석자가 자신의 자녀가 우리

말이 늦어 걱정이라는 말을 했다. 남편이 모로코인인데 그 동안 아들 둘과 함께 모로코에서 살다가 왔다고 했다. 큰 아들이 9살인데 초등학교 1학년에 다니고 동생은 7살로 어린이집에 다니고 있는데 우리말을 잘 못해 걱정이 된다고 하였다.

처음에는 마땅한 대책도 없고 무엇을 할 수 있는 지 알 수 없어서 다문화가족지원센터에 문의를 했다. 그곳에서는 가정에 방문하여 아동의 숙제 등을 지원해주는 프로그램이 있다고 했다. 그래서 다문화가족지원센터와 가정을 연결해주었다. 그 후 다문화가족을 위해 운영하는 프로그램이 있어 참으로 다행이라는 생각을 하고 그들에 대해 잊고 있었는데 전부터 알고 지내던 분이 다문화가정 아동을 대상으로 자원봉사를 원하는 외국어고등학교 학생들이 있다면서 연결을 부탁하였다.

고등학생들이 초등학생을 돌보는 것이 어른들이 아이들을 지도하는 것보다 더 나을 것 같았다. 비록 교수법은 서투를 수 있지만 아이들이 형이나 누나를 더 좋아할 것 같았다. 그래서 고등학생들이 다문화가정의 초등학생들을 돌보는 사업을 계획하였다. 비슷한 아동이 있을 것 같아 인근 초등학교에 비슷한 학생이 있는 지 알아보았다.

학교에서는 필리핀에서 살다가 우리나라에 들어온 지 얼마 안 되는 학생을 추천해 주었다. 5학년 학생으로 학교생활은 열심히 하고 있는데 언어 때문에 걱정이 많다고 했다. 우선은 세 명의 다문화가정 아이들과 함께 프로그램을 시작하기로 하였다. 아이들에게 가장 필요한 것이 무엇인지 알기 위하여 부모들을 만났다. 한 결같이 그들은 아이들이 빨리 글을 읽고 말하는 능력을 읽히기를 원하고 있었다. 그래서 우선 도서관에서 읽고 싶은 책을 선정하여 읽는 일을 함께 하기로 하였다. 부모님과의 만난 다음 주 토요일부터 수업을 하기로 결정하고 헤어졌다.

그런데 바로 일이 틀어졌다. 프로그램을 제안해왔던 학생들이 봉사활동에 참여할 수 없다고 연락해온 것이다. 난감했다. 하지만, 일을 시작도 하지 않고 마칠 수는 없었다. 그래서 바로 금천구 자원봉사센터에 도움을 요청했고 문일고등학교 봉사활동반에서 참여하기로 했다고 연락이 왔다.

고등학생들의 학교수업과 학원수업, 다문화가정 아동들의 방과후 수업 등을 고려하여 프로그램은 토요일 오전에 운영하기로 했고 장소는 학생들이 원하는 책을 골라서 읽을 수 있도록 동 주민센터 내에 있는 작은 도서관으로 정했다. 우리말 지도를 위해 함께 책을 읽고 대화하는 장소로 작은 도서관이 가장 좋은 장소 같았다. 그런데 토요일에 운영하는 것이 문제였다. 공무원이 근무하지 않는 토요일에 프로그램을 운영한다는 것은 누군가 쉬지 못하고 나와 있어야 한다는 것을 의미했다.

항상 토요일마다 출근한다는 것은 누구에게라도 부담이 될 것 같아 이 프로그램이 자리를 잡을 때까지 내가 업무를 챙기기로 했다.

시험기간이 되어 고등학생이 나오지 않는 날에는 내가 직접 학생들을 지도했다. 그렇게 2개월을 진행하다보니 프로그램이 안정적으로 운영되었다. 그래서 도서관에서 운영을 도와줄 수 있는지 물어보았다. 도서관은 자원봉사자도 있고 토요일에도 근무하기 때문에 가능할 것이라는 생각에서였다.

도서관장님은 흔쾌히 우리가 운영하던 프로그램을 도서관에서 운영해보겠노라고 대답하였다. 도서관과 일을 함께 하다 보니 활동에 시너지효과가 있었다. 프로그램을 참여하겠다는 아이도 늘었고 관장님이 새로운 아이디어를 계속 제시하였다. 서울시 공모사업으로 운영할 수도 있을 것 같다는 이야기도 하였다. 물론 제시된 아이디어가 모두 실행에 옮겨진 것은 아니었지만 '아하!' 소리가 절로 나왔다. 게다가 학생들을 위해 놀이지도를 해주겠다는 자원봉사자도 나섰다.

학생들의 한글지도가 끝나면 다른 아이들과 놀 수 있는 프로그램을 운영하면 정서적으로도 도움이 되고 우리문화를 알아가는 데도 도움이 될 거라고 하였다. 멘토로 봉사활동을 하는 학생들이 복지관 사업에 응모하여 40만원을 확보하였다며 다문화가정 아동들과 무슨 사업을 할까하고 상의하였다.

'내가 알지 못하는 것' 과 '내가 생각하지 못한 것' 들을 주민들이 찾아주기 시작한 것이다. 다문화가정 아동 3명, 고등학교 학생 봉사자 3명으로 시작한 사업은 다문화가정 아동 5명, 저소득가정 아동 2명, 도서관이용자 7명 고등학생 봉사자 14명, 주민 봉사자 1명, 총 28명으로 늘었다. 사업을 진행하면서 다문화가정 아이들이 우리 아이들과 어울릴 수 있도록 프로그램 참여자를 다양하게 늘렸다.

일 년 이상 꾸준히 참여하고 있는 학생들을 보면서 학생들이 고맙고 대견하다. 한 두 명의 다문화가정 아동을 돌보는 일과 다문화가정 아동이 우리나라 아동들과 스스럼없이 어우러질 수 있도록 프로그램을 운영하는 일이 하찮게 생각될 수도 있지만 매우 의미 있는 일이라는 생각이 들었다. 흔히, 도움을 주는 사람도 도움을 받는 사람 이상으로 혜택을 받는

다는 말을 한다. 봉사활동을 하는 고등학생들에게는 프로그램에 참여하는 것 자체로 도움이 되었으면 좋겠다.

참여자들의 한 마디

"봉사란 말에 대한 사람의 인식은 할아버지, 할머니들을 도와드리거나 거부감의 인식이 있는데 실제로 전혀 그렇지 않다. 사실 봉사하기 전에는 봉사를 큰 의미로 생각했었다. 이름 있는 재단 같은 곳에 가서 어르신들을 도와드리거나 못사는 나라에 가서 빈민들을 도와주는 것들을 생각했었다. 하지만 그렇지 않았다. 작은 도서관에서도 즐겁고 재미나게 봉사를 할 수 있었다. 나는 느꼈다. 작은 곳에서 서로 알아가면서 하는 봉사도 큰 규모의 봉사만큼이나 큰 성취감과 뿌듯함을 느낄 수 있다는 것을." – 배재현

"다문화 봉사를 처음 했을 때는 낯설기도 하고 많이 어색하기도 하였지만, 아이들이 잘 따라주기도 하고 하면서 서로 친해지게 되었다. 그러면서 다문화 아이들에 대한 편견도 해소되었고 매주 가기에도 편해졌다. 나중에도 이런 봉사가 있다면 꼭 참여할 것이다." – 김성훈

"2학년 초부터 지금까지 다문화 지역 아동 멘토링을 하면서 많은 것을 느꼈다. 처음에는 다문화라고 해서 약간의 불편함이 있었다. 하지만 아이들을 보고 가르치면서 다문화에 대한 선입견을 가진 내가 부끄러워졌다. 대학에 가서도 이런 봉사가 있다면 적극적으로 참여하고 싶다." – 김승규

"2학년 초반부터 이 봉사활동을 시작하였는데, 이 봉사를 통해 많은 것을 느꼈다. 처음에는 아이들에 대해 많이 낯설고 또 아이들을 돌보는 것이 어려울 줄 알았으나 시간이 지나면서 적응되어갔다. '아이들이 순수하구나.' 라는 느낌을 받았다." – 이호

“1년 동안 봉사활동을 하면서 여러 가지 많은 것을 느꼈다. 다문화 지역 아동 멘토링을 하면서 아이들과 놀아주면서 아이들의 성장을 지켜보았고 짧은 시간동안 많은 보람을 느끼기도 했다. 아이들을 가르치는 형들을 보면서도 ‘나도 언젠간 형들을 본받아야지’ 라는 생각을 했다.” – 박지훈

“봉사활동을 하면서 많은 것들을 느낄 수 있었다. 먼저, 내가 다른 사람들을 도울 수 있다는 게 나에게 성취감을 주었다.” – 이상윤

“처음 동아리에 들어왔을 때는 많이 어색하고 모르는 것이 많았지만 활동을 하면서 조금씩 알아가고 몇몇 큰 행사에 참여하면서 많은 것을 배웠다. 앞으로도 열심히 활동해야겠다.” – 명수현

“처음에는 내가 이걸 할 수 있을까, 적응하기 힘들지 않을까 생각했었다. 하지만 선생님들도 편하게 대해 주었고 아이들과도 소통하면서 수업하다보니 내 자신에 대한 만족감과 성취감을 느낄 수 있었다. 아이들이 만족하는 모습을 보니 뿌듯하였다.” – 장수훈

“2015년부터 다문화 및 지역 아동 멘토링을 시작하게 되었다. 작년 까지는 경로당에 가서 청소를 하는 봉사를 하였었다. 다문화 및 지역 아동 멘토링은 작년에 했던 경로당 봉사에 비하여 훨씬 즐거웠고 다양한 활동을 하며 경험을 쌓는다는 측면에서 더욱 좋았다. 멘토링을 하면서 만난 아이들의 모습이 하나같이 밝고 행복한 모습을 하고 있어서 멘토링을 한 나 자신이 더 즐거워졌다. 아이들과 함께 공부하면서 아이들에게 배운 것도 많았다.” – 강욱현

“다문화 및 지역 아동 멘토링을 하면서 아이들뿐만이 아닌 나 자신도 발전하고 있다는 것을 느꼈다. 멘토링을 하기 위해서는 아이들과 소통이 중요하다는 것을 알았다. 처음에는 아이들을 정하는 것부터 어색하였다. 그러나 꾸준히 하면서 나 자신도 점점 발전해온 것 같다.” – 추진헌

"처음엔 다문화 가정 자녀들을 가르치는 봉사였는데 점차 일반 초등학생들도 가르치게 되었다. 언젠간 한 번은 해보고 싶었던 봉사였지만 막상 시작하니 너무나 힘들었다. 동생이 없어서 어린 초등학생들과 어떻게 어울려야 하는지 몰랐기 때문이다. 1년간 봉사한 지금 예전보다는 편하게 아이들을 대할 수 있게 되었다." – 김민기

"1월부터 봉사를 시작하고 지금까지 쭉 해오면서 많은 걸 느꼈다. 그 전까지는 경로당 봉사를 했었는데 이 봉사는 정말 뿌듯함을 느끼게 해주었다. 아이들과 친해지는 것도 즐거웠고 아이들이 조금씩 배워가는 모습을 보는 것도 즐거웠다. 지금은 여기 오는 게 당연하고 내가 즐거운 일이 되었다." – 윤가을

"남들보다 늦게 봉사를 시작하게 되어 환경에 적응하기 힘들었다. 하지만 '시작이 반이다'라는 말처럼 용기를 가지고 시도해보니 이내 잘 풀렸다. 이 봉사활동을 계기로 인해 인생에 있어서의 또 하나의 깨달음을 갖게 되어 좋았다." – 최준호

"전에는 다른 아동복지센터에서 학습지도봉사를 하고 있었는데 학교 동아리 활동을 통해서 아동 학습지도 봉사를 할 수 있다는 것을 알게 되었다. 꾸준한 활동을 하면서 아이들과 나의 교집합을 찾으려고 노력했다. 아이들의 말과 행동 하나하나의 이유와 의미를 알고 싶을 정도로 아이들에게 관심을 갖게 되었다." – 유상민

"금천구 소재 고등학교의 동아리 학생들이 다문화 가정의 아동들에게 책을 읽어주고 책에 대해 대화도 나누며 토론을 하는 멘토링 프로그램을 통해 소외 계층 아동들이 독서를 통해 꿈과 희망을 가졌으면 좋겠다. 나아가, 참여하고 있는 학생들 모두가 언어와 문화에 대해 생각하고 경험도 하고 마을 공동체 속에서 행복하게 살아가길 기대한다."

– 청개구리 작은도서관장 안옥자

공무원보다 일을 더 잘하는 '꿈꾸는 녹색장터'

어렸을 적부터 장을 보는 일은 참으로 즐거웠다. 물건을 산다는 것도 좋았고 장을 보면서 군것질을 하는 것도 좋았다. 나이가 들어서도 장을 보는 일은 즐겁다. 항상 필요한 물건은 있기 마련이고 그 물건들을 찾아내는 것이 즐겁다. 그런데 언제부터인가 저렴한 물건을 찾아내기 시작했다. 백화점이나 상점에서 정가를 다 주고 물건을 사면 왠지 바가지를 쓰는 느낌이다.

공무원 생활을 하면서 새마을 알뜰장, 벼룩시장, 직원바자회, 직거래장터, 중소기업박람회 등 저렴하게 판매하는 장에 익숙해진 때문인 것 같다. 어떤 장에서는 중고 물건을 팔고 어떤 장에서는 농수산물을 직거래하고 어떤 장에서는 새 상품을 저렴하게 판다. 모두 나름 재미있다.

우리동에는 주민들이 운영하는 녹색장터를 운영하는 단체가 두 개 있다. 오래전부터 알뜰장을 운영해오던 새마을부녀회와 최근에 구성된 꿈꾸는 녹색장터다. 두 단체 모두 쓰레기를 줄이고 재활용을 늘리기 위한 서울시의 공모사업의 하나로 서울시의 보조금을 받아 시행하고 있다. 구청에서 이루어지고 있는 장터와 다른 점이 있다면 기획부터 마무리까지 모든 과정을 주민들 스스로 한다는 점이다.

새마을 부녀회는 전부터 해오던 방식으로 장을 운영한다. 부녀회에서 회비 마련을 위해 판매하는 김이나 미역도 팔고 아는 사람들에게 기증받은 재고 의류와 회원들이 수집한 의류 등을 판매한다. 재활용 기능한 물건들을 팔고자 하는 사람들은 참여시키고 있지만 기존 알뜰장과 크게 다르지 않다. 반면, 꿈꾸는 녹색장터는 조금 다르다.

그동안 경험이 없다는 것이 더 도움이 되는 것 같다. 회원들은 초등학교 학부모들 중심으로 구성되어 있다. 이들은 알뜰장을 하기 전에 모여 장터를 어떻게 운영할 지 결정하고 장터를 마치면 또 다시 평가회의를 한다. 장터는 어린이공원에서 열리는데 장이 열리는 날이 되면 탁자와 의자, 텐트를 회원들이 설치한다. 물론, 텐트를 비롯한 탁자와 의자는 동 주민센터에서 빌려준다. 녹색장터가 쓰레기를 줄이고 재활용을 늘리자는 취지에서 시작했지만 녹색장터를 통해서 나오는 성과는 기대 이상이다.

녹색장터가 열리는 날은 동네잔치가 열린 것 같다. 녹색장터는 기획자의 의도인지 참여자의 의지인지 알 수 없으나 아이들 중심의 장터다. 녹색장터가 열리는 날이면 아이와 엄마가 참가비 천원을 내고 장터에 나와 자리를 배정받는다. 아이들은 그곳에 돗자리를 깔고 자신들이 쓰던 물건들을 진열한다. 어떤 아이는 물건을 팔기가 무섭게 음식코너로 달려온다. 그곳에서 떡볶이도 사먹고 어묵도 사먹는다. 음식을 파는 곳에서는 1회용품을 쓰지 않고 설거지는 자원봉사를 나온 학생들의 몫이다.

이곳에서 파는 음식은 좋은 재료로 만들 뿐 아니라 재료비만 받고 팔기 때문에 수익이 거의 나지 않는다. 어떤 날은 장사도 열심히 하고 손님도 무지 많았는데 결산하면 적자라는 것이다. 음식은 일종의 미끼상품인 것이다. 사람들이 음식을 사 먹다가 장도 둘러보고 물건을 사도록 유혹하는 것이다.

한쪽에서는 자원봉사자들이 어린이들에게 동화책도 읽어주고 놀이지도를 해준다. 우리동네 작은 도서관에서 구연동화 자원봉사를 해주시는 분들이 기꺼이 봉사해주시는 것이다. 할머니 앞에 앉아 이야기를 듣고 있는 아이들을 보면 나도 다시 동심의 세계로 빠져든다. 녹색장터에서는 상업적 장사꾼은 찾아볼 수 없다.

이들의 활동이 지금처럼 정착될 때까지 동주민센터와 갈등이 없었던 것은 아니다. 갈등이라기보다는 공무원들에게 서운함이 있었다. 꿈꾸는 녹색장터는 전임 동장이 제안하여 구성되었는데 전임 동장은 꿈꾸는 녹색장터의 활동에 많은 정성을 들였던 것 같다. 나 또한 전임동장과 마음이 다르지는 않았지만 행동에 있어서는 차이가 있었다. 이들의 행사에 전적인 지원을 해 줄 수 없었던 것이다.

여직원들이 많은 현실에서 이들이 행사를 할 때마다 직원들이 출근하여 텐트를 쳐주고 장이 열리는 것을 지원해주는 것이 어려웠다. 그래서 가능한 한 그들에게 필요한 것들을 스스로 하도록 했다. 직원의 출근이나 지원은 최소화했다. 그들의 입장에서는 자신들의 행사에 직원들이 지원해주지 않는 것이 서운했던 것이다. 하지만 시간이 지나면서 우리의 입장을 이해하고 서로 합의점을 찾게 되었다.

행사가 있기 전날 주민센터에서 이들이 필요로 하는 물건을 쓸 수 있도록 공원의 공간에 미리 가져다 놓으면 회원들이 당일에 물건을 꺼내서 쓰고 행사가 끝난 다음에는 다시 원위치 해 놓는다. 행사가 끝나면 언제 장이 열렸냐는 듯이 깨끗이 정리되는 것이다.

녹색장터는 장사하는 곳이 아니라 주민이 어우러지는 공간이요 어린이들의 놀이공간이다. 녹색장터에서 이익금이 많이 나오는 것이 아니지만 그래도 돈이 생기는 모양이다. 2014년에 녹색장터를 열어 번 돈으로 공연을 곁들인 잔치를 했고, 금년에는 저속득가정 아동에게 교복도 사주고 불우이웃돕기 성금에도 쓰라고 성금을 기탁했다.

바로 이래서 주민이 하면 녹색장터도 잔치가 되고 마음을 나누는 장이 되는 것 같다. 그동안 구청이나 동사무소에서 주도적으로 운영하는 바자회나 알뜰장에서는 경험할 수 없었던 풍경이다. 주민들이 마음을 먹으니 공무원보다 일을 훨씬 더 잘 한다.

함께 준비하고 함께 즐기는 마을축제
: '산사랑 물사랑 축제'

2015년 11월 14일, 보슬보슬 비가 내리는데 아침 7시부터 주민센터와 만수천 배드민턴장에서 사람들이 부산하게 움직였다. 산사랑 물사랑 축제를 위해 주민과 동 주민센터 직원들이 바쁘게 준비하고 있었다.

배드민턴 코트에서는 만국기를 달고 텐트를 치고 의자를 부지런히 날랐고 단상위에서는 제사상을 차렸다. 텐트를 치는 작업이 끝나자 그 안에 탁자를 설치하고 축제에 참여하는 주민들과 함께 먹을 음식물들을 그 위에 올려놓았다. 음향을 맡은 기획사에서는 음향기계를 내리고 마이크를 설치하느라 바빴다.

'산사랑 물사랑 축제' 는 금년이 9회째 축제다. 주민들이 스스로 전통을 만들어가고 있으니 독산3동 주민들에게는 자랑 중의 자랑이다. 축제는 예로부터 조상들이 자연신에게 한 해의 풍년과 마을의 태평을 비는 도당제를 각색하여 2006년부터 시작하였다. 독산3동이 서울시의 '문화가 숨 쉬는 마을 만들기 사업' 과 국토해양부의 '살기 좋은 마을 만들기' 사업에 선정되면서 주민들이 이 지역에 전승되어 오는 향토 문화를 발굴하고 왜곡되거나 인멸되어가는 향토사를 정리하였고, 산사랑 물사랑 축제는 그 과정에서 생긴 것이다.

축제를 준비하는 입장에서는 내리는 비가 야속하지만, 전국이 가물어서 걱정하는 중에 내리는 단비라서 괜찮다고도 말하고 축제 이름에 '물사랑'이 들어가서 그렇다고 말하며 부지런히 손발을 움직였다. 비가 오는 바람에 9시 30분부터 시작하기로 한 식전 행사는 하지 못하고 행사가 조금은 늦어지다가 급기야 10시에 지내게 되어 있는 산신제까지 늦어졌다.

9시 30분까지 가져다 달라고 주문한 돼지머리가 10시가 넘었는데도 오지 않은 것이다. 기다리다 애가 탄 사람들은 돼지머리 없이 제사를 지내면 안 되겠냐고 했지만 축제를 주관하는 문화마을 협의회의 류영렬회장님이 돼지머리가 없으면 안 된다고 대답하니 모두들 꼼짝 없이 기다렸다. 회장님은 모든 행사는 약간의 착오가 있기 마련이고 그 착오가 나중에는 에피소드가 되어 웃게 된다며 여유를 부렸다.

기다리는 동안 류영렬회장님은 산신제의 유례와 우리 고장의 지명에 대해 설명을 하고 있었다. 그러는 동안 행사 준비자들은 식당에 전화를 걸어 돼지머리를 빨리 가져오라고 한바탕 소리를 했고 10분이 지나서야 돼지머리가 도착했다.

〈산신제〉

돼지머리가 도착하자 산신제는 바로 시작되었다. 초헌관, 헌관, 우집사, 좌집사 등 우리에게 낯선 이름들이 소개되고 술을 올리고 절을 올리는 제사가 진행되었다. 많은 사람들이 이제는 생소한 산신제를 구경하고 있었다. 축제에 처음 참가하신 영남초등학교 교장선생님께서는 축제에서 공연을 보는 것은 의례 있는 일이지만, 산신제를 보는 것은 처음이라고 했다. 산사랑 물사랑 축제의 모든 과정을 주민들이 준비했다고 말씀드리니 더욱 놀라셨다.

산사랑 물사랑 축제는 주민들이 기획하고 진행하는, 말 그대로, 주민들의 축제다. 행사와 관련하여 구청의 보조금을 받아 진행하지만, 축제에 주민들의 자발적인 참여와 재능기부, 자원봉사, 보조금으로 충당하지 못하는 먹거리는 행사를 주관하는 문화마을협의회 회원들과 주민단체들의 지원으로 준비된다.

조금은 촌스럽지만 축제 분위기를 만들려면 만국기를 달아야 한

다며 새마을협의회에서 아침 일찍부터 애써주었고 행사의 처음을 장식한 북 공연은 영남초등학교 학생들이 맡아주었다. 동 주민센터의 민요장구반에서 출연하여 주민들의 흥을 돋우고 동네에 있는 태권도 학교에서 태권무를 공연하고 주민센터의 문인화 동아리에서는 문인화를 내어주어 산길을 따라 전시하였다. 또 볏짚으로 계란을 싸는 것은 새마을 회원이 시범을 보이며 주민들과 함께 했다. 자원봉사자들도 많았고 기부자도 많았다. 주민들이 마음을 써서 준비한 것이다 보니 어느 것 하나 정이 가지 않는 것이 없다.

직원들 입장에서는 그동안의 마을 축제는 모두 직원들의 몫이고 행사를 준비해야 하는 내내 고생해야 하건만, 산사랑 물사랑 축제는 주민들이 진두지휘를 하고 직원들이 지원만 하면 되니, 주민들의 활동이 대단하여 감탄할 뿐이다. 인원동원에 대한 고민을 하지 않아도 된다.

관공서에서 행사를 준비하다보면 참여자가 걱정인데 산사랑 물사랑 축제는 주민들이 주민들을 부르고 협력을 요청한다. 주민들이 몇날며칠을 힘들게 준비하지만 주민들은 자신들 스스로 축제를 치러 냈다는 자부심으로 흥분한다. 돈을 아끼고 아껴 더 알뜰하고 더 풍성한 행사를 해냈다는 것도 자랑이다. 공무원 입장에서 가장 좋은 것은 행사의 성공여부와 관계없이 우리 직원들이 고생했다는 이야기와 칭찬을 가장 많이 듣는 행사라는 것이다.

동 주민센터 옥상에서 텃밭 가꾸는 '배추 흰나비'

독산3동 옥상 입구에는 '배추흰나비' 활동 일지도 있고 활동 사진을 나름 예쁘게 꾸며 놓았다. 배추흰나비가 무슨 동아리냐고 물어보니 옥상 텃밭을 가꾸는 주민 동아리라고 한다. 아침마다 물을 주고 수확물을 거두어 어려운 이웃들에게 나누어주고 활동에 참여하여 봉사활동을 하는 학생들도 관리하고 있었다. 참여자들은 모두 신나게 일하고 있었다.

언제부턴가 관공서 옥상에 상자텃밭을 심도록 권장하고 있다. 직원들 중에 관심이 있는 사람 한 사람만 있어도 옥상은 파릇파릇 예쁜 텃밭이 되지만 그렇지 않은 경우에는 기대하기 힘든 일이다. 자신들의 책상 위에 있는 화분이나 민원실에 있는 화분도 제대로 키우기 못하여 죽여 버리는 경우가 부지기수 아닌가? 상황이 이렇다보니 공무원이 동 주민센터 옥상에서 상자 텃밭을 가꾼다는 일은 부담스러운 일이다. 그

래서 독산3동은 주민들에게 옥상을 내어주었다.

옥상 텃밭을 가꾸기 위해 구성된 동아리 '배추흰나비'는 그동안 농사를 지어 본 경험이 없는 주민들이 농사를 신기한 대상으로 생각하며 참여했다고 한다. 농사를 지어본 경험이 없기 때문에 구청에서 혹은 농사일을 아는 동네 어르신에게 농사일을 배워가며 아이들과 같이 농사짓고 수확하는 활동을 한다. 그런데 문제는 선생님마다 작물을 키우는 방법을 다르게 가르쳐준다는 것이다. 그래도 이 사람에게 배우고 저 사람에게도 배우면서 자꾸 시행착오를 겪게 되는데 실패와 조그마한 성공을 경험하는 것이 너무 즐거운 모양이다.

봄에는 감자도 심고 열무도 심고 상추도 심는다. 감자를 캐서 인근 경로당에 가져다 드리기도 하고 열무로 김치를 담아 무료급식소에 가져다 드리기도 한다. 심는 것도 힘들고 수확하는 것도 힘들지만 아이들과 동주민센터의 옥상을 텃밭삼아, 아이들의 놀이터 삼아 활동하는 것이다.

이름을 왜 배추흰나비라고 했냐고 물어보니 텃밭하면 배추와 흰나비가 연상되어 이름을 지었다고 한다. 그리고 활동을 시작한 첫해에 배추를 많이 심었다. 그런데 생각보다 배추상태가 안 좋았다. 그래서 첫해의 실패를 거울삼아 다음 해에는 거름도 많이 하고 다른 사람들의 노하우를 전수받아 농사를 지었다. 그런데 두 번째 해의 배추농사도 실패했다. 결국 배추흰나비 회원들이 내린 결론은 옥상텃밭에서 배추농사를 짓기가 힘들다는 것이다.

금년으로 텃밭농사 세 번째 해를 맞이하는 배추흰나비는 금년에는 배추농사를 포기하고 무만 심었다. 수확이 좋지는 않았지만, 열심히 키운 무는 뽑아서 김장봉사를 하는 단체에서 쓰도록 드렸다. 배추재배를 포기하면서 동아리 이름도 바꿔야하는 것은 아닌지 고민하고 있지만 이들은 아이들과 함께 도시에서 텃밭을 가꾸는 일을 계속하고 있다.

배추흰나비 회장 **김윤영**

저 분이 우리 배추흰나비를 잘 도와줄 수 있을까? 왠지 여자 동장님은 적응이 안 된다. 동장님 하면 남자가 해야 한다는 고정관념이 있기 때문이다. 그 고정관념을 확~~~~~~~~~바꿔버린 여동장님. 처음에는 행동보다는 말이 앞서는 여린 동장님으로 보았다.

근데 완~~~~~~~~~전 여장부다.

말보다는 행동을, 여리기보다는 억척스러워 보인다.

우리 배추흰나비는 옥상텃밭을 하는데 젊은 엄마들이 모여 힘을 모아 한번 농사를 해보자고 해서 만들어진 모임이다. 처음에는 새로 오신 동장님이 우리한테 관심이 없어보였다. 하지만 시간이 지나면서 우리와 함께 하고 계셨다.

우리 일은 평일보다는 토요일에 회원들이 모여 함께 일을 한다. 그때마다 동장님이 오셔서 거름도 주고 잡초도 뽑으면서 회원들과 이야기하며 즐겁게 활동을 한다.

우리가 재배한 상추, 오이, 근대, 돼지감자, 수세미, 감자, 고구마, 고추 등등 이 작물들이 필요한 곳도 소개해주고 우리 자랑도 해주셨다. 나는 동장님이라는 자리가 정말 힘들고 고된 일이라고 생각한다. 하지만 동장님은 이 자리가 보람 있고 즐겁다고 하신다..... (역쉬 동장님)

첫 인상은 촌.스.러.운 동장님!

지금은 동네 아줌마 같이 친근한 우리 동 장 님!

쓰레기와의 전쟁

오늘도 동 주민센터 아래쪽에 위치하고 있는 반수공원 인근 집 앞에서 할머니 두 분이 따뜻한 가을 햇살을 쐬며 앉아 계신다. 두 분이서 도란도란 이야기를 나누다가 사람들이 쓰레기를 버리면 소리를 지르고 아무렇게나 놓고 간 종량제 봉투는 반듯하게 놓는다. 나를 보더니 반갑게 인사를 하면서 푸념하신다.

"아이고, 아무리 지켜 앉아서 쓰레기를 못 버리게 해도 소용이 없어요. 힘들어서 오래 앉아 있을 수도 없고. 휴~"

작년, 동장으로 임용되어 순찰을 시작한 지 며칠이 안 되어 내 손을 잡고 자신의 집 앞에 쓰레기 버리는 사람도 잡아달라고 하셨던 할머니다.

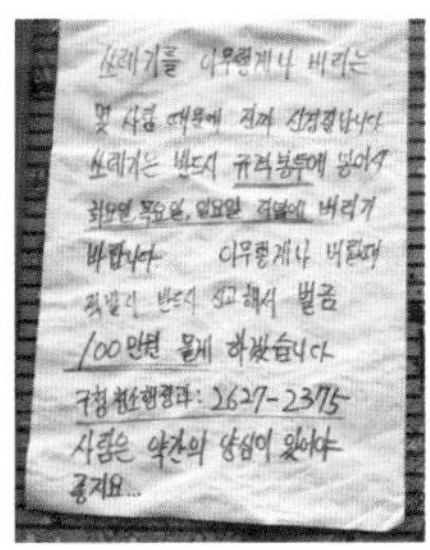

"우리 집 앞의 쓰레기를 해결해 줘요. 쓰레기 때문에 냄새가 나서 살 수가 없어요."

"집주인이 신경 쓰면 좋아져요. 동 담당 혼자서 어떻게 이 많은 집들을 지키고 청소해드려요?"

나는 원론적으로 대답했다. 그러자 할머니는 힘없이 돌아섰다. 아마 달리 할 말이 없었던 것 같다. 나는 그것이 당연하다고 생각했다. 집주인이 깨끗이 청소하고 단속한다면 누가 감히 그 앞에 쓰레기를 버릴 수 있을까 싶었다. 그런데 하루 이틀 지나면서 살펴보니 집주인의 잘못으로 돌리기에 억울한 면이 있었다. 집 주인이 아무리 부지런히 치워도 쓰레기가 모이는 곳이 있었다.

아침이나 밤이 되면 골목이 만나는 지점이나 어귀에 사람들이 쓰레기를 버렸다. 그곳에 버리는 쓰레기는 대부분 무단투기였다. 재활용쓰레기를 분리하고 종량제봉투를 사용하여 버리는 사람도 있었지만 검정봉투에 음식물쓰레기와 생활쓰레기를 섞어 버리고 있었다. 언제부터인지 알 수 없을 만큼 오래된 습관이었다. 우리 동네는 골목길이 좁고 경사가 심해 청소차가 들어가기 힘든 곳이 많다 보니 청소원들이 쓰레기를 수거할 때 일정한 장소에 모은 뒤 가져갔다. 시간이 지나면서 쓰레기를 모으는 거점들이 쓰레기를 버리는 곳이 되었다.

쓰레기 종량제가 실시되었어도 많은 사람들이 지키지 않았고 이유도 다양했다. 우선, 남들이 그렇게 버려도 쓰레기가 치워지고 있는데 굳이 나만 종량제 쓰레기봉투를 사서 쓸 필요가 없다고 생각하는 것 같았다. 아무래도 들키지만 않으면 돈을 절약할 수 있으니 그것이 가장 큰 유혹일 것이다.

사람들은 쓰레기를 버리는 사람을 잡을 수 있게 CCTV를 설치해 달라고 하지만 CCTV도 해결책이 되지 못하고 있다. CCTV를 모니터링 하여 쓰레기를 버리는 장면을 잡는다한들 그 사람의 이름이 무엇인지 주소가 어딘지 알기 어려워 과태료를 부과하는 일은 거의 불가능하다. 그것을 증명이라도 하듯 대부분의 CCTV 아래에는 쓰레기가 많다.

그동안 쓰레기 무단투기를 없애기 위해 많은 노력을 한 것 또한 사실이었다. 하지만 해결책으로 생각했던 CCTV와 양심거울, 화단은 무용지물이 되었거나 오히려 도시 미관을 해치고 있었다. CCTV를 겁내지 않는 사람들이 양심거울을 보고 놀랄까? 화단도 마찬가지였다. 꽃과 나무를 심은 화단을 보고 쓰레기를 버리지 말라는 것이지만 관리되지 않는 화단은 쓰레기를 버리기 좋은 장소가 되었다.

법과 제도를 무력화시키는 사람들에게 경각심을 주고 이로 인해 고통 받는 주민을 위하여 쓰레기 무단투기 문제를 풀어야 할 것 같았다. 그래서 직원과 주민들의 의견을 묻기 시작하였다. 다른 동장님을 찾아가서 물어보기도 하였다. 어떤 직원은 단속을 해야 한다고 말하였고 어떤 직원은 주민에게 계속 홍보해야 한다고 했고 또 어떤 직원은 답이 없다고 했다. 답이 없다고 이야기한 직원은 그동안 이것저것 해보았지만 별 성과 없이 끝난 경험을 가지고 있었다.

우리가 할 수 있는 일을 이것저것 해보았으나 성과를 내지 못했으므로 더 이상 할 일이 없다고 할 것인가? 무척 고민이 되었다. 할 수 있는 일이 있는 지 차근차근 다시 챙겨보기로 했다. 먼저 동사무소와 관련된 단체 회의뿐 아니라 주민들이 모이는 곳이면 어디에서든지 쓰레기 분리수거와 무단투기와 관련된 홍보를 하였다. 민방위 교육을 할 때에도 무료급식소에서도 주민들의 협조를 구하였고 심지어는 교회에 찾아가 교육프로그램시간에도 주민들에게 쓰레기 배출방법을 알려드렸다.

단속도 열심히 하였다. 화단 대신 상자텃밭도 만들었다. 그리고 상자텃밭을 관리해 줄 주민도 구했다. 청소도 열심히 하였다. 쓰레기 무단투기 단속을 하면서 재활용쓰레기는 투명한 비닐봉투에 모으고 쓰레기를 종량제봉투에 넣고 난 다음 그 자리를 깨끗이 청소하였다. 쓰레기 버리는 방법을 모르고 버린 사람이 보고 배울 수 있다는 생각과 누군가 관리하고 청소하는 곳에 쓰레기는 덜 버릴 것이라는 조그만 희망을 가지고 하였다.

한편으로는 성공하지 못할 일에 너무 많은 에너지를 쓰는 것은 아닌지 고민이 되기도 하였다. 하루는 쓰레기 무단투기를 단속하고 있는데 주민이 음료수라도 마시고 가라며 붙잡더니 한 말씀하신다.

"전에 계시던 동장님도, 전전에 계시던 동장님도 쓰레기 무단투기를 줄이려 노력하셨는데 어차피 동네는 마찬가지예요. 쓰레기 무단투기는 안 없어져요. 그러니 동장님도 고생하시다가 뒷목잡고 쓰러지지 마시고 이제 그만 하세요. 골목길은 우리들이 청소할게요."

백 번 옳은 이야기였다. 전에 근무하시던 분들이라고 노력하지 않으셨을까? 동장으로 동에 오면 가장 눈에 띄는 것이 쓰레기가 아니던가? 그러나 조금씩 생기는 골목길의 변화를 보면서 좀처럼 포기가 되지 않았다. 때로는 칭찬을 듣고 때로는 비난을 들으면서 그렇게 시간이 지났고 처음에는 말리기만 하던 주민들도 우리와 같이 하겠다고 나섰다. 가장 먼저 새마을지도자협의회에서 말했다.

"처음에는 동 주민센터에서 하다가 말겠거니 생각했는데 계속 단속도 하고 청소도 하면서 깨끗해지는 동네를 보면서 우리가 사는 곳은 우리가 깨끗하게 만들어야겠다고 생각했어요. 결국 공무원들이야 시간이 지나면 떠나는데 주민이 참여하지 않으면 전으로 다시 돌아갈 것 같아요. 그동안 애쓴 것이 물거품 되면 아깝잖아요. 새마을도 함께 할게요."

참여하는 주민들이 늘어나면서 거리가 깨끗해지는 속도가 빨라졌다. 종량제봉투를 판매하는 곳에서는 봉투판매가 늘었다고 했다. 무단투기에 대한 주민들의 신고도 늘어났다. 아침 일찍 출근길에 골목길을 청소하는 주민들을 만나고, 우리와 함께 하자고 나서주는 주민들을 보면서 앞으로는 더 나아지리라고 생각해본다.

동장일기 | 2014년 8월 20일(수)

10시50분부터 무단투기단속을 시작하였다.

11시30분에는 골목텃밭 앞에서 쓰레기 치우고,

19시50분에는 문성초등학교 후문 쪽에서 음식물쓰레기를 검정봉투에 버리는 할아버지를 현장에서 적발하여 과태료를 부과하였다.

골목 텃밭을 가꾸는 사람들

2014년 7월 30일, 퇴근하려고 준비하고 있는데 청소담당과 팀장이 주섬주섬 책상을 정리하더니 출장 나갈 준비를 하고 있었다. 무슨 일이냐고 물어보니 골목길 반상회를 하는데 둘만 나가면 된다고 했다. 골목길 반상회가 무엇인지 물어보니 무단투기가 많거나 쓰레기로 문제가 되는 지역을 골라 한 달에 한 번씩 해당 골목에서 주민들과 회의를 하는 것이라고 했다. 그 자리에서 무단투기를 줄일 수 있는 방안에 대해 주민들과 이야기도 나누고 건의사항도 듣는다고 했다. 골목길 반상회가 무엇인지 궁금하여 같이 가자고 했다.

나가보니 주민들 대 여섯 명이 서서 이야기를 나누고 있었다. 그곳의 분위기가 심상치 않았다. 주민들의 감정이 격해 있었다. 주민들이 서 있는 곳 뒤쪽에는 높이는 60센티미터 정도에 길이는 2미터가 넘는 커다란 베드형 화분이 있었다. 화분 주위에는 쓰레기와 죽은 쥐가 널려 있었고 음식물 썩는 냄새가 진동하고 있었다. 이곳이 서울의 골목인가라는 의심이 생길 정도였다.

이유를 물어보니 골목 어귀에 주차를 해 놓는 사람들이 많아 사고 위험이 있었고 주차를 막기 위해 화분을 놓았는데 사람들이 그 화분 위에 쓰레기를 버렸다고 했다. 쓰레기 속에 있던 음식물이 썩었고 날이 갈수록 악취가 심한 곳이 된 것이다. 그런데 그 즈음 인근 지역에 공사하는 곳에 레미콘 차량이 들어가다가 그 화분을 들이받았고 화분이 부서지면서 화분 아래에 살던 쥐들이 죽은 것이다.

사고가 난 후 쓰레기와 죽은 쥐를 한바탕 치웠다고 하는데도 여전히 죽은 쥐들이 있었다. 얼핏 보기에도 끔찍했고 악취가 심해 그곳에 계속 서있는 일도 쉬운 일이 아니었다. 당연히 주민들이 흉물스럽고 악취의 원인이 되는 화분을 치우자고 말할 줄 알았다. 그래서 주민들과 이야기를 나누다가 가능한 빨리 화분을 치워드리겠노라고 말씀드렸더니 대부분이 찬성하였다. 그런데 담당자가 "반대도 있어요. 조금 이야기를 더 들어봐야 해요."라고 말하는 순간 주민 한 분이 흥분하며 말씀하셨다.

"동장님, 대책을 세우고 화분을 치워야죠. 대책도 없이 화분 치우면 언제 사고가 날지 몰라요. 이곳에 누군가 주차라도 하면 차를 돌릴 수도 없고 앞이 안 보여 출근시간이 되면 차가 엉켜 엉망이 돼 버려요. 그리고 한 번 둘러보세요. 옆에 경사가 얼마나 심한데요. 아이들이나 어르신들이라도 다치면 어떡해요? 대책을 마련해 주세요." 참으로 난감한 일이었다.

동장이 해야 할 일이 많다는 것 깨닫게 되는 순간이었다. 뾰족한 수도 없었고 화분을 정리하는 것도 반대가 있어 좀 더 고민해보기로 미룬 채 그날 회의를 마쳤다. 다음날 다 부서져가는 화분은 치우고 원형화분 3개를 가져다 놓았다. 골목 입구라서 여전히 지나가던 사람들이 너나 할 것 없이 화분 위와 주위에 쓰레기 버리고 있었다. 화분이 골목의 입구에 있어 위험요소를 줄이고 있었지만, 그곳에 넘쳐나는 쓰레기는 골칫거리였다. 다음날, 골목 주변에 살고 있는 주민들에게 연락하여 다시 모였다.

"위험하다고 해서 화분을 없애기는 어렵고 화분을 그냥 두자니 너무 더러운데 채소를 키우면 어떨까요? 아무래도 먹거리에 쓰레기를 버릴 것 같지는 않아서요. 그런데 문제가 하나 있어요. 잘 아시겠지만, 채소는 물을 자주 줘야하고 관리하는 분이 필요한데요. 혹시, 관리해주실 분 계신가요?" 라고 내가 먼저 말문을 열었다.

"채소를 심을 수 있게 해 준다면 제가 한 번 가꿔보죠" 라며 골목 입구에 살고 있는 어르신한 분이 나섰다.

그렇게 회의가 끝나고 화분이 있던 자리에는 상자텃밭이 대신 자리를 차지했다. 그리고 그곳에 '골목텃밭' 이라는 이름을 붙였다. 상자텃밭이 도착하자 어르신과 가족들은 무를 심고 열심히 가꾸셨다. 아침마다 물을 주고 주변의 쓰레기를 치웠다. 사람이 물을 주고 쓰레기를 치우면서 관리하다보니 쓰레기가 한결 줄어들었다.

무가 무럭무럭 자라고 골목텃밭 주변이 깨끗해지기 시작하자 인근의 어르신들이 나를 보면 인사하기 시작했다.

"아이고, 동장님, 그 더러운 곳을 정리해주셔서 너무 감사합니다."

"동장님, 무에 진딧물이 생겨서 제가 약을 사다가 쳤어요."

"제가 사는 쪽에도 텃밭 상자 좀 놔 주세요. 제가 물도 주고 잘 키울게요. 우리 집 앞 쓰레기도 어떻게 정리 좀 해야 돼요."

한 마디로 골목텃밭 이야기가 동네에 퍼지면서 내 인기까지 덩달아 올라갔다. 골목텃밭은 몇 개의 상자텃밭으로 이루어진 작고 보잘 것 없는 규모였지만 주민에게는 남다른 감동을 주었던 것이다. 그도 그럴 것이 쥐가 들끓고 악취가 진동하던 곳에서 무 잎이 파릇파릇 돋아나고 있으니 그 주변 사람들 모두에게 기쁨이 되었다. 점점 예뻐지는 상자텃밭을 보면서 주변에 사는 주민들은 모두 주인이 되어 주변을 지켜나갔다.

인근에 사는 사람들은 누구라도 그곳에 쓰레기 버리는 사람을 보면 소리를 질렀고 쓰레기가 널려 있으면 치웠다. 그렇게 하면서 자기가 사는 곳에 애정이 생긴 것이다. 주민들 모두가 행복해 하는 광경을 보면서 나도 모르게 내가 잘 해서 그렇게 된 것 같은 자만심에 빠졌다. 골목 텃밭 인근에 있는 문성경로당에 들르면서 결국 일이 터지고 말았다.

문성경로당에서 쉬고 계시던 할머니 한 분이 나를 붙잡고 반갑게 말씀하셨다.

"아이고~ 우리 동장님! 나는 동장님이 동네 아줌마처럼 수더분해서 왜 이리 좋은지 모르겠소. 동장님 덕분에 골목이 깨끗해졌다고 모두들 좋아하고 있소. 동장님은 직장생활 하느라고 김치 담을 시간도 없을 텐데 내가 그 무를 뽑아다가 잘박잘박하게 물김치를 담아서 드리고 싶은데 그러면 안 되겠소?"

"아, 그 무는 주인이 따로 있어요. 주인이 모종을 사다가 물도 주고 키운 거예요. 마음만으로도 너무 감사합니다."

아마도 동 주민센터에서 관여하다보니 사람들은 골목텃밭에서 무럭무럭 자라고 있는 무를 주민센터에서 키우는 것으로 알고 있었던 것 같다. 그 이야기를 듣고 나오다가 마침 나만 보면 무에 약을 쳤다는 말씀도 하시고 쓰레기도 치웠다며 골목텃밭 상황을 수시로 말씀해주시던 할머니를 만났다.

골목텃밭을 키우는 분의 이름을 듣기는 하였지만 누군지 잘 모르는 상태에서 나를 만날 때마다 무가 자라는 이야기며 그곳에 쓰레기 버리는 사람을 혼내준 이야기를 해주던 그분이 골목텃밭을 관리하시는 분인 줄 알았다. 그래서 잘됐다 싶어서 경로당에서 있었던 일을 말씀드리며 아무래도 주민들이 무를 뽑아서 제게 김치를 담아주고 싶다고 하시는데 그냥 뽑아서 김치를 담아 드시고 가을에 심는 파나 시금치를 심으면 안 되겠느냐고 말씀드렸다. 그런데 그 다음날 동 주민센터가 발칵 뒤집혔다.

그동안 애지중지 골목텃밭을 키우시던 분이라며 동 주민센터에 너무 서운하다는 말씀을 하신 것이다. 자초지종을 들어보니, 그 날도 텃밭에 물을 주고 병원에 다녀왔는데 그 파릇파릇 예쁜 무가 모두 사라져버려 황망하였다는 것이다. 그래서 누가 무를 뽑아갔는데 동네를 수소문하였고 알고 보니 동장이 엉뚱한 사람에게 뽑아서 김치 담아 먹으라고 했다하니 기가 막혀서 화가 단단히 난 것이다. 게다가 무를 뽑아서 김치를 담은 할머니 입장에서는 동장이 뽑아가라고 해서 뽑아간 것뿐이었는데 동네에서 망신을 당했으니 마음이 단단히 상해 있었다.

아뿔사!

평소에도 꼼꼼하지 못한 성격으로 실수투성이인 내가 드디어 사고를 친 것이다. 골목텃밭에서 애쓰는 사람이 누구인지도 모르고 텃밭이 잘 관리되고 있다는 생각에 혼자 잘난 채하며 마음이 부풀어 있었던 것이다. 부랴부랴 음료수를 사서 골목텃밭을 키워온 집과 무를 뽑아간 집 모두를 찾아가서 사과를 하고 간신히 마음을 돌려놓았다. 다행히, 마음이 풀어져 그 이후에도 열심히 텃밭을 키우고 계시는데 지금도 그때만 생각하면 등에서 식은땀이 난다.

동장일지 | 2014. 7. 30.(수)

26통, 27통 사이 삼거리 골목길에 쓰레기를 상습적으로 버려 처리해 달라는 주민들의 민원이 있어 18시에 나갔다. 골목길 반상회를 한다고 하였다. 통장님들과 주변에 사시는 분들이 나왔다. 그곳에는 나무 화단이 보기 싫게 찌그러져 있었고 인근에는 의류수거함이 자리 잡고 있었다. 화단과 의류수거함을 중심으로 음식물 쓰레기봉투와 검정봉투가 어지럽게 있었고 그 근처에는 죽은 쥐도 있었다. 한 아주머니는 화단 때문에 쓰레기 무단투기가 성행하고 쥐가 끓는다며 화단을 치워야 한다고 주장하였고, 한 아주머니는 화단을 치우면 코너에 차량을 주차 하게 되어 차들이 골목길을 들어올 수 없게 될 뿐 아니라 교통사고의 위험이 높아지게 된다고 하였다. 둘의 주장이 팽팽하게 대립되자 주민들은 동 주민센터에서 결론을 내서 처리하되 무단투기 단속을 지속적으로 해줄 것을 요청 했다. 인근 주민이 직원들 마시라고 흑마늘 엑기스를 주면서 동에서 이렇게 열심히 해 주니 문제가 해결되리라고 믿는다고 말하였다.

꿈꾸는 마을공방

가구 디자이너 이종명작가는 동 주민센터 인테리어 공사를 하면서 만났다. 설계를 맡은 위진복대표는 이종명작가가 자신보다 색에 대한 감각이 좋기 때문에 참여시켰다고 했다. 이를 입증이라도 하듯 그의 주민센터 9곳과 1개 분소 1곳에 대한 인테리어 설계에 대한 설명이 있던 날 다른 동 설계자들이 부러워했다.

"와~, 독산3동에 이종명작가가 참여하면 우리동은 어떡하죠?"

"이종명 작가의 색 감각이 워낙 독특해서 우리 동 디자인이 확 죽을 텐데. 너무 기죽이는 것 아니에요?"

설계 설명에 참여한 나는 괜히 어깨가 으쓱거렸다. 나는 '이종명'이라는 이름을 처음 접했지만 다른 설계자들이 다 알 만큼 유명한 사람이 우리 동 인테리어에 참여한다는 사실이 좋았다. 어쩌면 우리 동 주민센터가 명물이 되는 것은 아닌지 하는 설렘까지 있었다. 그래서 설명회가 끝나고 사무실에 돌아오자마자 인터넷에 이종명이라는 이름을 쓰고 검색작업에 들어갔다.

이종명 작가가 만든 가구에는 꽃과 나무, 자동차, 새 등이 있었는데 색깔이 매우 강렬하고 화려했다. 어쩐지 관공서와는 어울리지 않을 것 같았다. 기대를 하면서도 은근히 걱정도 되었다. 너무 튀는 디자인으로 관공서의 이미지와 어긋나거나 지나친 파격을 시도할 것 같았다.

걱정도 하고 기대도 하면서 시간이 지났다. 우선은 민원대를 이종명 작가가 맡기로 했다. 민원대의 컨셉은 우리 동네 미술관이었고 주민과 함께 타일을 만드는 것이었다. 처음에는 관내 초등학교 학생들과 워크숍을 통해서 작품을 만들 계획이었으나 워크숍 날짜를 잡으려고 연락하는 중에 전 국민을 공포로 몰아넣은 메르스가 발생하였고 집단 활동을 하지 못하게 되었다. 결국, 학생들과 주민 동아리, 재능이 있는 직원과 주민들이 타일에 그림을 그려 붙이는 작업을 하게 된 것이다.

이 일로 이종명 작가는 동 주민센터에 몇 번 들르게 되었고 일이 끝나고 식사하는 자리를 갖게 되었다. 대부분의 식사자리는 배고픔을 달래거나 맛있는 음식을 즐기는 말 그대로 먹는 것으로 끝나지만 가끔씩은 다음의 일로 연결되는 일이 종종 있다. 우리도 일이 끝난 후 배고픔을 해결하기 위해 식당에 갔다. 이종명작가는 주민들의 삶에 관심을 나타냈다. 공사 진행에 관심을 보이고 이런 저런 질문을 하는 약간은 시골스럽고 정감 있는 동네 분위기에 관심을 보였다. 그 관심을 이어 식사 후 우리는 함께 동네를 돌았다.

작가와 동네를 도는 동안 나를 만난 주민들이 내게 인사도 하고 사는 이야기 즉, 동네에 살면서 불편한 이야기를 하셨다. 그런 모습을 보고 이종명 작가는 많은 주민들이 동장을 알아보고 동장과 이야기한다는 사실에 놀라워했다. 하지만 놀랄 일도 아니다. 동장을 아는 주민보다 모르는 주민들이 많고 대부분의 주민들은 동장을 잘 알지 못할 테니까. 동네 한 바퀴를 돌고 나서 어려운 주민들의 일자리 만드는 사업에 관심이 있다면 그 일을 우리 동네에서 해달라고 부탁을 했다.

이종명작가도 사업가이니 자선사업을 할 필요는 없다고 생각했다. 자신의 사업에서 일할 사람을 우리 주민들로 고용하면 될 일이었다. 단지, 내가 공무원이다 보니 의미 있는 일자리를 만들어주길 원했다. 우리 동네에 살고 있는 어르신이나 주부, 학생들의 일자리를 단 몇 개라도 만들었으면 좋겠다고 말했다. 누군가에게 일자리가 생긴다는 것은 인생을 바꿀 수도 있는 일이다. 설령 인생을 바꾸지는 않더라도 새로운 활력을 줄 수 있다. 크지 않은 수입이라도 즐기면서 일 할 수 있다면 주민들이 훨씬 더 행복해질 것 같았다.

언젠가 경로당을 갔을 때, 어르신들이 모여 앉아 봉투에 끈을 끼워 묶는 일을 하는 것을 보았다. 무척 지루해 보이는 일인데도 열심히 하고 있었다. 그나마 그런 일조차 많지 않다고 했다. 그 모습을 보면서 어르신들에게 일자리가 있으면 얼마나 좋을까? 더구나 나무에 페인트를 칠하고 그림을 그리면 정서적으로도 좋아질 것 같았다.

마찬가지로 주부나 학생들의 경우 자신의 특기를 살리고 작가에게 배우면서 돈을 벌 수 있다면 얼마나 좋겠는가? 학생이나 주부들의 아르바이트는 가정에 활력을 줄 수도 있다. 재능도 살리고 경제적인 도움도 받을 수 있다면 이보다 더 좋은 일이 어디 있겠는가?

이종명작가도 나의 생각에 공감을 하는 부분이 있었던 것 같다. 자신도 의미 있는 일을 하고 싶다고 했다. 게다가 단순 노동에 투입될 사람이 많으면 자신이 판매하는 가구의 가격도 낮출 수 있을 것으로 기대했다. 높은 보수를 받을 수 있는 좋은 일자리라면 더

할 나위 없이 좋겠지만 내가 생각하는 노동시장의 대상은 어르신들이기 때문에 좋은 보수가 필요한 일은 아니었다. 한 달에 2~30만원이라도 벌면서 본인의 생활비에 보태고 용돈으로 사용할 수 있는 수준이면 되는 것이었고 가능한 참여하는 인원이 많을 좋겠다는 생각을 했다.

그래서 겁 없이 덤볐다. 개인 사업가와 사업을 하면서 받게 될 의혹의 눈초리가 걱정되었다. 하지만 어르신들이 소일거리를 하면서 정서적으로 경제적으로 좋아지고 학생들이 자신의 소질을 살려 배우면서 행복할 수 있다면 잠깐의 오해야 언제나 풀릴 것이라 생각했다.

아직은 아무것도 구체화된 것이 없다. 퇴직한 공무원 3명과 주민들 3명, 그리고 나를 포함한 총 7명이서 레인보우라는 이름을 붙이고 작업에 들어갔다. 이종명 작가는 일주일이나 이주일에 한 번씩 왔다. 왕복 2~3시간 이상을 왔다 갔다 하며 일하는 법도 가르쳐주고 필요한 재료구입을 도와주었다. 일이 성공한다면 대박이 될 수도 있겠지만 아직은 자신이 없다. 하지만 지역에서 일자리를 30개를 만들겠

다는 꿈을 가지고 나무판과 소품에 페인트를 칠하고 그림 그리는 연습을 하고 있다.

꿈꾸는 마을공방에서

전 선 희 공무원

도서관에서 어떤 책을 읽을까? 이 책 저 책 뒤적거리다가 네덜란드 화가 요하네스 베르메르의 진주 귀걸이 소녀그림의 책표지에 이끌려 책을 빌렸다. 책은 펼치지도 않고 파랗고 노란 천을 머리에 두르고 귀고리를 한 맑은 눈망울의 소녀 그림만 수십 번도 더 보았다. 책표지 그림으로 책을 고르기는 처음 있는 일로 꿈꾸는 공방이 만든 생활의 변화이다.

처음에는 퇴직 공무원 3명이 매달 받고 있는 연금의 대가로 무엇인가 의미 있는 일을 하자는 데 의견이 모아졌고 궁리 끝에 이미숙 동장을 만나 최고의 사회복지인 일자리를 만드는 일을 함께 하자는 제안을 받아 참여하게 되었다.

퇴직공무원들과 지역주민이 함께 어울려 해야 하는 작업이어서 시작 전에는 이런 저런 걱정이 앞서기도 했지만, 서로 만나 공동 작업으로 친해질 수 있었고 후에 사업을 잘 키워 해외여행까지 함께 하기로 약속했다.

이 사업은 가구디자이너 이종명작가의 기존 사업의 곁가지 아이디어로 다소 밋밋한 생활 소품에 예쁜 그림을 그려 넣어 일상생활 속에서 국민 모두를 그림에 접할 수 있도록 하자는 나름의 거창하고 고급스런 예술 활동(?)이다.

만드는 과정은 소품이 만들어지면 사포질을 하고 작은 흠을 메우고 이어서 검은색 페인트칠을 하고나서 원하는 색을 1~2회 칠한 후 빈티지 느낌이 나도록 사포질을 한 번 더한 후에 예쁜 꽃과 나무, 작은 집, 자동차 등 동화 같은 그림을 그린 다음 바니쉬로 작업을 마무리하게 된다. 이 과정에서 사포질과 페인트칠은 경로당 어르신들, 저소득 어르신의 일자리가 될 수 있고 그림을 그리는 일은 학생들의 아르바이트 자리가 될 수 있다.

이제 시작 단계로 주 1~2회, 독산3동 2층 자원봉사캠프에 모여 페인트칠과 사포작업 그리고 이종명작가로부터 그림수업을 받고 있다. 근 40여 년 만에 처음으로 잡아보는 붓칠이 어색하기도 하고 원하는 모양과 색감 표현이 제대로 안 되어 속상하기도 하지만, 한 번 자리에 앉으면 3~4시간 동안 시간이 가는 줄 모르고 집중하게 된다.

꿈꾸는 공방이 온 구민들에게 다가가는 사업이 될 지는 미지수지만 그래도 우리는 꿈을 꾼다. 우리지역 모든 어르신들에게 일자리를 제공하는 멋진 기업이 되는 꿈. 빵떡모자 눌러쓰고 그림 그리는 화가 할머니가 되는 꿈을...

그 여자, 주민센터, 미래

이 종 명 가구디자이너/이종명가구대표

머리숱이 별로 없는 그 여자의 웃음소리에는 소위 말하는 배운 사람들에게서 풍기는 면모는 찾기 어려웠다.
어찌 보면 촌부 같고. 약간은 수다스럽고, 능청스럽고...
그 여자의 첫 인상이었다.

그럼에도 불구하고 매력이 있다.
그 매력은 꾸미지 않고 자기를 절대로 내세우지 않고 살짝 당황스러울 정도의 돌직구의 화법.
그 뒤엔 민망한 듯 교양이 살짝 없는 큰 웃음소리...
그 웃음은 상대를 무장해제 시키기엔 부족함이 없다.
그 여자의 단점도 장점도 잘 알지 못하지만 하여튼 그것들을 모두 한방에 날리는 것은 적당히 나이든 여자의 열정과 의욕과 그리고 큰 웃음소리이다.

무식하면 용감하다했던가. 추진력이 좋다.
말 나오기가 무섭게 행동으로 이어진다.
단순한 일이든 많은 시간과 집념을 요하는 프로젝트든 간에 망설임이 없다.
나조차도 에너지를 더 생기게 만드는 그녀의 추진력.
내가 처음 그 여자를 보고 두 번, 세 번 만남을 거듭하면서 장점이 훨씬 더 많고 그래서 지금 동장이라는 이름으로 수십 명을 부하직원으로 거느린 수장으로서 역할을 잘하고 있는 듯하다.

그 여자는 엄마이고 아내이고 동장이다.
여러 가지 역할과 반백년 이 땅의 환경에서 잘 적응 해왔고, 살아온 인생의 깊이가 있으니 몸과 마음으로 체득한 작은 마음을 많은 사람들에게 대입시킴으로써 좋은 공무원의 역할도 잘하고 있는 것 같다는 생각이 들었다. 남자들과는 다른 섬세함. 사소한 작은 일 까지 보살핀다.

독산3동 주민 센터와 연을 맺으면서 새로 알게 된 것.
나의 경우, 주민센터에는 일 년에 한번이나 갈까 말까하는 곳인데….
대부분의 경우 동장이 누군지 궁금하지도 알아야 할 이유도,
이름도 모르는 게 다반사일 텐데…

신기하게도 이곳 독산3동에서는 많은 동네사람들이 동장을 다 알아본다.
신기한 일이다.
평생 살면서 절대로 마주 할 일이 없는 대통령보다는 가까이에서 그들의 가려운 작은 곳을 긁어줄 수 있는 동장을 안다는 것이 그들에게는 유익할뿐더러 영양가 있는 일일 것이다.
많은 사람들이 그녀를 알아보고 인사하고 덕담을 주고받고, 고통을 토로하는 걸 보면 그녀는 자기자리에서 자신의 본분을 잘 지키며 잘하고 있는 것이다.

독산 3동.
소위 좀 산다하는 동네에서는 절대로 볼 수도, 느낄 수도 없는 정이란 것이 분명히 보였다. 그리고 그 여자 동장은 그들과 가까운 곳에서 같이 숨을 쉬고 있었다.
좋은 냄새가 난다.
작은 미소가 지어진다.
동민들의 아픔과 슬픔, 사소한 일까지도 알고 있고 더 알고 싶어 한다. 아픔도 많기에 마음이 더 쓰이고 더 잘하려고 하는 노력이 보인다.

내가 인지하는 공무원의 상이란…
심드렁하고, 느리고, 내 사정 아니니 급할 것 없다는 표정과 느린 손놀림…
짜증이 섞인, 명쾌함이 없는 대답. 살찌고 운동량 절대 결핍과 게을러 보이는 젊은 남자.
내가 아무리 대충 일해도 절대로 해고당할 일이 없는 나는 공무원이야 하는 표정으로 고객을 대하고 있는…

그런 나쁜 이미지를 한방에 바꾸어 준 고마운 여인.

"그래, 저렇게 살아도 되는데…적당히 따져가되 빨리 하루라도 서둘러 시작하면..
시작이 반이라 결과도 머지않아 볼 수 도 있는데…
시작을 해봐야 정확한 결과도 알 수도 있는데…
이론적으로 가능하고 쉬운 일을 뜸을 들이고 탁상공론으로…
결국 성과 없이 흐지부지… 그래서 생긴 공무원 행정.."

그 여자는 그렇지 않아서 좋다.
"그녀가 나의 조력자였으면 좋겠다."
"내가 그 여자의 파트너로 일할 수 있어서 좋다." 라는 생각이 그녀를 볼 때마다 든다.
그리고 꼭 성과를 만들어서 작은 손이 모여 큰일을 내는 것을 보여주고 싶다는 용기를 가지게 만드는 여자.
공무원들도 아트를 할 수 있다.

구청, 시청이 아닌 "작은 주민센터에서도 뭔가 일을 낼 수 있구나."라는 말을 들을 수 있을 때까지.
"여자여!!! 지치지 마시고, 힘내시고, 천천히 가더라도 가는 만큼, 온 만큼은 결과라는 것이 있다는 것을 잊지 마시고 우리 손 꼭 붙잡고 잘 만들어 가기를 바랍니다.
지금의 당신이 미래의 하나의 좋은 예로 남기를
최선을 다 해주기를 진정 바랍니다."

우리는 사람과 사람과의 연계를 통해 서로 주고받고 신뢰를 쌓는다.
이해관계자를 더 많이 알게 되고 관계망을 넓히는 것은 덤이다.
우리는 주민들의 의견을 듣고 그들을 행정에 참여시키면서
멀리 가려면 함께 가야한다는 말을 현장에서 깨우치고 있다.

3. 좋은 거버넌스를 향하여

언어의 변화, 일하는 방식의 변화

큰 아이를 초등학교에 보냈을 때 나서 내게 가장 신선하게 다가온 단어는 '모둠' 이었다. 내가 학교에 다닐 때는 '분단' 이라는 말을 썼는데 큰 아이는 '모둠' 이라는 말을 썼다. 내가 학교에 다닐 때 '분단' 은 같은 반을 소그룹으로 나누는 단위였고 분단장이라도 하면 어깨를 으쓱할 수 있었다. 모둠은 모임이라는 뜻일까?

'모둠' 과 '분단' 은 전혀 다른 뜻을 가지고 있지만 둘 다 한 반을 이루는 작은 소그룹을 지칭하는 단어였다. 이것을 관점의 차이라고 하는 것일까?

행정도 관점의 차이에 따라 단어가 바뀌고 일하는 방식도 바뀌는

것 같다. 25년 공무원 생활을 돌아보면 크고 작은 변화가 있었다. 크게는 지방자치제도의 실시가 있었고 보수의 변화, 컴퓨터의 등장과 인터넷 사용에 따른 일하는 방식의 변화 등등 수많은 일들을 겪어 왔다. 우리들은 보수가 오르는 변화를 제외하고는 변화가 있을 때마다 그 변화를 싫어했다.

컴퓨터가 처음 사무실에 들어왔을 때 직원들은 컴퓨터를 배우지 않으려 했다. 사무실에 컴퓨터가 하나 밖에 없는데 컴퓨터를 배우면 사무실에서 컴퓨터와 관련된 일을 혼자서 다 처리해야하는 것이 예견되었기 때문이다. 그럼에도 시대는 변화를 요구했고 좋으나 싫으나 우리는 그 변화에 적응해야 했다.

여러 변화 중에서 가장 힘들고 어려운 것은 주민참여에 대한 요구의 증가였다. 내가 공무원에 임용되었던 1989년만 해도 주민은 우리와 일을 함께 하는 파트너라기보다는 행정의 대상에 가까웠다. 정치인이 법을 만들면 공무원이 법에 따라 행정을 집행하고 주민이 알도록 홍보하면 되었고 주민은 그 법을 지켜야했다.

1991년 시행된 자치단체 의원을 선출한다고 했을 때도 번거롭게 여겨졌다. 지역에서 일어나는 대부분의 일을 공무원들이 처리하고 공무원은 법에 따라 일을 하는데 주민이 뽑은 사람이라고 해서 특별히 달라질 것 같지 않았다. 1995년이 되어 첫 민선구청장을 뽑을 때도 생각이 그다지 변하지 않았다. 언제나처럼 구청장이 바뀌는 것일 뿐이었다. 일선에서 일하는 직원들 입장에서는 그저 구청을 움직이는 가장 높은 분이 바뀐 것뿐이었다. 그것은 굳이 민선이 아니라도 일어나는 일이었다.

내 눈에 달라진 것은 그리 많지 않았다. 이러한 변화가 주민과 함께 하기 때문에 생기는 변화라고 생각하지 않았다. 공무원이 아닌 다른 누군가와 함께 하면 더 많은 일을 할 수 있고 주민들에게서 많은 것들을 배울 수 있다는 것을 배우기까지는 더 많은 시간이 걸렸다.

행정에 주민을 참여시킨다는 것은 여러 가지를 의미했다. 행정이 안고 있는 문제를 주민과 함께 논한다는 것이고 주민의 의견을 듣고 도움을 받겠다는 것이다. 하지만, 공무원의 입장에서 주민을 참여시킨다는 것이 쉽지 않았다. 참여시킬 대상을 찾는 일도 쉽지 않았다. 행정은 이해관계가 있는 경우가 대부분으로 누군가 이익을 보면 누군가는 불이익을 볼 수도 있고 예상했던 것과 다른 결과가 나왔을 때를 대비해야 하는데 그 일도 쉽지 않았다.

그동안 우리는 너무나 오랫동안 관변단체라고 불리는 사람들과의 관계에만 익숙해 있었다. 때로는 '이해관계자를 알지 못하여', '주민을 참여시키는 방법을 몰라서', '민간인에 대한 정보나 신뢰가 부족하여' 라는 등의 이유로 주민을 행정에 참여시키지 못하였다.

변화가 없다고 생각하고 있는 동안에 우리가 사용하는 단어가 달라지고 생각이 바뀌고 일하는 방식이 변해왔다. 어떤 것은 서서히

변했고 어떤 것은 빨리 변했다. 부서별로 한 대의 컴퓨터로 일을 하던 시절은 옛이야기가 되었고 단체장과 의원을 선출하는 횟수가 많아질수록 주민들의 목소리가 커졌다. 주민의 목소리가 커지면서 행정에서 거버넌스는 피할 수 없는 것이 되었다.

주민참여 그리고 거버넌스

2005년 말, 거버넌스를 주제로 박사학위 논문을 쓰겠다고 했을 때 주위에서는 거버넌스가 무엇인지 묻는 사람이 많았다. 거버넌스에 대해서 이야기하면 대부분은 이해되지 않는다고 하였다. 거버넌스의 실체가 무엇이냐는 것이다. 행정을 이해관계인과 같이 하는 것을 굳이 거버넌스라는 새로운 말을 쓰는 것에 대해 이해할 수 없다고 했다.

논문의 주제를 정하고 그동안 주민과 함께 행정을 해온 경험을 바탕으로 논문을 썼고 논문을 쓰는 과정은 그동안 일해 온 방식을 정리하는 기회가 되었다. 이후, 거버넌스는 내가 공무원으로서 일을 하는데 하나의 지표가 되었다. 어느 부서에서 일을 하든지 조그마한 계획을 수립할 때도 이해관계자의 이야기를 듣기 위해 노력했다.

직원을 관리하는 부서에서 근무할 때는 직원들의 의견을 들으려 했고 기업인이나 상인들과 관련된 일을 할 때는 기업인과 상인들의 의견을 듣고 그것들을 행정에 반영하기 위해 노력했다. 그러면서 한 가지씩 배워갔다. 적극적으로 참여하고자 하는데 우리와 의견을 다를 때 어떻게 해야 할지, 자신들의 주장만 이야기하고 실제로 일할 단계가 되면 쏙 빠져버리는 사람들과는 어떻게 할지도 고민하게 되었다.

아직은 주민도, 직원도 함께 일하는 것에 대해서 익숙하지 않다. 하지만 조금씩 주민이 변하고 직원들도 변해왔다. 주민들도 자신들의 의견을 이야기하고 직원들도 주민들의 의견을 들으면서 실제로 서비스를 받게 될 주민이 무엇을 원하는 지, 더 많은 사람들이 만족하는 방법은 무엇인지 알아내기 위해 노력하고 있다. 이해관계자와 관계망을 만들고 함께 일하기 위해 노력하였다.

주민과 가장 가까이에 있는 동 주민센터에 와서 보니 구에서보다 이해관계자와 관계망을 넓히는 기회가 더 많고 그들을 참여시킬 기회가 더 많음을 알게 되었다. 주민들은 가장 가까이에 있는 주민센터를 찾는 데 스스럼이 없었고 자신의 의견을 주장할 때 주저함이 없었다. 그들은 자신들의 의견을 반영하기 위해 온라인과 오프라인을 모두 이용하고 있다. 주민들은 나를 찾아와서 이야기하기도 하고 사진을 찍어 수시로 보내준다.

"우리 집 앞에 있는 과속방지턱은 무용지물이에요. 차들이 얼마나 쌩쌩 달리는지 몰라요. 새벽마다 시끄러워서 잠을 잘 수가 없어요. 과속방지턱이 낮아서 그러는 거예요. 공사하는 사람에게 말하니 너무 높으면 차가 덜컹거려서 민원이 들어온다고 그러는데, 그게 잘못된 겁니다. 빨리 달리니까 덜컹거리는데, 그러지 말라고 과속방지턱을 하는 거잖아요? 참으로 행정예산을 낭비하고 있어요."

"옆에 있는 피자가게에서 음식물쓰레기를 일반쓰레기에 섞어서 아무렇게나 버리고 배출시간도 어기고 있어요. 그 집 때문에 이 근처가 항상 지저분해요. 제가 가서 이야기 해봤는데 말이 안통해요. 주민센터에서 단속을 해주세요."

"학교 가는 길에 도로와 인도의 상태가 나빠요. 아이들이 다니는 길인데 다른 곳보다 먼저 정비해주셔야 하는 것 아닌가요?"

"학교 근처는 밤이 되면 너무 어두워서 위험해요. 다른 곳은 가게도 있고 집이 있어서 덜 어두운데, 학교근처에는 건물이 없어서 그런지 특히 어두운 것 같아요. 그쪽 주변은 보안등 조도를 높여주세요."

"횡단보도 앞에 있는 나무의 가지가 너무 무성해서 아이들이 위험해요. 아이들은 달려오는데, 차가 잘 안보여요. 전지 작업을 해주세요."

"제가 평생을 전기 일을 해서 전기 분야에 재능이 있습니다. 제 재능을 지역주민들에게 쓰고 싶은데 봉사활동을 할 수 있는 기회를 만들어주세요."

"저는 외국인회사에서 평생을 근무하다 퇴직했는데 영어는 자신 있어요. 자치회관에서 영어를 가르치고 싶어요. 저는 절대 돈은 받지 않을 거예요, 자원봉사로 강의할 수 있게 해 주세요."

다양한 이유로 많은 주민들이 행정에 참여하기를 원하고 있다. 자신들 주변에서 일어나는 소소한 일들을 이야기하면서 정보를 주고 주민들은 자신이 생활하고 있는 지역에서 봉사하려하고 행정에 참여하기를 원한다. 하지만 공무원의 입장에서 주민들의 참여가 무한정 반가운 것만은 아니다. 대부분이 의견이라는 것이 민원성 내용이 많고 그들의 의견을 반영하고 연계하는데 시간과 노력이 들기 때문이다.

여럿이 일을 하려면 다른 사람이 참여할 수 있도록 일을 정리하고 조정하는 과정이 필요하다. 게다가 주민이 참여하고자 하는 프로그램이 없는 경우도 있고 주민들이 원하는 일을 하는 데 필요한 예산이 없는 경우도 많다. 가끔은 함께 가는 것이 힘들게 느껴져 혼자 가는 것이 더 편하고 쉬운 것 같다는 생각도 한다. 하지만, 가까이에서 만나는 주민들의 의견을 듣고 그들이 원하는 것을 해주면 그에 대한 반응이 뜨겁다. 그 반응이 함께 가는 원동력이 된다.

초등학교 통학로에 있는 나무를 전지해주자 그 작은 일에 감동하여 해당 초등학교 교장선생님과 교감선생님이 나를 보면 반가워하며 주민센터에서 학교 협조가 필요하다고 말씀드리면 만사 오케이다. 전기 봉사하겠다는 봉사자에게 몸이 불편한 홀몸 어르신 집에 리모콘 스위치를 설치해달라고 했더니 너무 좋아한다. 길거리에서 나를 만나면 만면에 미소를 띠고 동네에서 일어나는 이런 일 저런 일들을 이야기 해준다. 혜택을 받은 어르신은 동네방네 자랑을 하고 다닌다고 한다.

우리는 사람과 사람과의 연계를 통해 서로 주고받고 신뢰를 쌓는다. 이해관계자를 더 많이 알게 되고 관계망을 넓히는 것은 덤이다. 우리는 주민들의 의견을 듣고 그들을 행정에 참여시키면서 멀리 가려면 함께 가야한다는 말을 현장에서 깨우치고 있다.

나에게 거버넌스는……

언젠가 함께 일하던 민간 파트너가 내게 거버넌스가 무엇이라고 생각하느냐고 물어왔다. 나는 공무원답게 대답했다.

"정부가 키를 쥐고 있으면서 민간을 참여시키는 것 아닌가요? 아무래도 이해당사자의 의견을 들어야 좋은 정책을 만들 수 있으니까요. 아무리 이해당사자의 의견이 중요하다고 해도 조정은 공무원이 해야 하는 거죠."

나는 당연하다고 생각하면서 이야기했지만 그들은 내 의견에 동의할 수 없었던 것 같다. 그들과 거버넌스에 대한 대화가 그것으로 끝났다. 거버넌스라는 이름으로 민간과 업무를 함께 하다보면 공무원 입장에서는 불편함이 있고 참여자 모두에게 팽팽한 긴장감이 생길 때가 많다. 그럴 수밖에 없는 것이 상대의 입장을 이해하기가 쉽지 않은 것이다.

나는 민간인과 일을 할 때 그들을 온전히 믿지 못할 때가 많다. 정확히 말하자면, 그들의 생각을 제대로 알 수가 없다. 마찬가지로 그들도 우리를 믿지 못하여 날카롭게 각을 세운다. 나는 속으로 '아무래도 공무원의 공정성과 마인드를 따라 올 민간인은 없어. 민간인이 본능적으로 가지고 있는 사욕을 막기 위해 내가 견제하지 않으면 일이 엉망이 될 거야.'라는 생각을 하게 된다.

어떤 때는 우리의 파트너인 민간인과 줄다리기를 하면서 과연 공무원과 민간인 사이에 균형 잡힌 협력이 가능할 것인지에 대해 의문을 갖게 된다. 협상을 해본 경험이 적은 공무원들은 민간인이 밀어붙이는 것에 견디지 못하고 항복하는 경우가 많다. 일을 하다보면 논리적인 설득이나 설명보다는 상황에 대한 이해를 구하는 경우가 많고 그것에 굴복하는 현실이 불편한 것이다.

서로 합의하면서 일을 끌고 가자는 데는 동의하면서도 상대가 아닌 내게 유리하게 작용되길 기대한다. 거버넌스의 과정은 참여와 밀고 당기며 협상하고 조정하여 합의를 끌어내는 과정을 포함하고 있다. 그 과정이 서로에게 유리한 결정을 원하고 완전한 균형점을 찾기는 어렵겠지만 그것이 서로를 위한 일이라 생각한다. 나는 이해관계자를 참여시켜 의견을 듣고 서로의 이익을 챙기고 협상하고 조정해가는 거버넌스가 아주 새롭고 낯선 방식이라고 생각하지는 않는다.

우리는 일상에서 다른 사람과 일할 때, 도움이 필요할 때는 돕고 상대의 입장을 생각하고 의견을 듣고 조정하며 결정해왔다. 행정도 그렇게 가야한다고 생각한다. 함께 할 수 있는 일은 함께 하고, 행정의 대상자와 이해관계자의 의견을 듣고 협상하며 일을 해나가는 것이 더 많은 사람들이 만족할 수 있는 방식이라고 생각한다.

2개월의 법칙, 2주일의 법칙

사람들은 현상을 보고 법칙을 만들어낸다. 말콤 글래드웰은 『아웃라이어』에서 누구나 1만 시간을 노력 한다면 최고의 전문가가 될 수 있다는 '1만 시간의 법칙'을 이야기했다. 거기에 덧붙여 심리학자 앤더스 에릭슨은 성공하는 1만 시간의 전제 조건으로 신중하게 계획된 연습을 말하였다. 나는 지역의 변화와 관련하여 필요한 시간에 대해 일정한 규칙을 발견하였다. 바로 '2개월의 법칙'과 '2주일의 법칙'이다.

동장을 하는 기간 내내 가장 신경을 쓰고 노력한 것은 무단투기를 줄이는 것이었다고 할 수 있다. 처음에는 단속도 하고 청소를 하면서 어떤 날은 내가 놀랄 정도로 깨끗하고 또 어떤 날은 역시 어렵구나 하고 포기할 만큼 다시 지저분해지는 것을 반복적으로 보면서 무단투기를 근절하는 것은 불가능한 것처럼 느꼈다. 그러다가 단 한곳이라도 무단투기 장소를 없애기로 마음먹고 단속을 시작했다.

어쩌다 한 번씩 둘러보는 것이 아니라 매일 일정한 시간 동안 살펴보았다. 그래서 정한 곳이 무단투기가 가장 심하여 악취로 지나기 어려웠던 곳 한 지점을 택했다. 작정하고 하는데 못할 일이 있을까 생각했다. 그래서 출근하여 결재를 하고 나면 바로 가방을 정리하여 밖으로 나섰다. 가방에는 책 한 권, 무단투기 적발 시 쓸 스티커와 볼펜, 앉을 깔판, 청소를 위한 쓰레기봉투를 챙겨 넣었다.

좀처럼 나아지지 않던 골목길이 어느 순간 깨끗해졌다. 물론 항상 깨끗한 것도 아니고 모든 골목길이 깨끗해진 것은 아니었다. 아무리 치우고 단속하여도 아침부터 밤까지 항상 쓰레기가 뒹굴고 있던 골목길이 어느 순간 깨끗해진 것이다. 그것이 단속을 시작한지 2개월이 지난 후였다.

갑자기 깨끗해진 골목길을 생각하면 용기가 생기고 신이 났다. 하면 된다는 자신감도 생겼다. 그래서 더욱 용기를 내어 집주인을 만나 쓰레기 종량제 봉투 사용과 정해진 시간에 쓰레기를 내놓을 것을 부탁하면서 다녔다. 거리에 앉아서 이야기하고 있는 주민들을 보면 깨끗한 골목길을 만들기 위해 함께 노력해 줄 것을 부탁드렸다. 무엇보다도 주민들도 너무 좋아했다. 새로운 동장이 와서 동네가 바뀌고 있다고 칭찬하는 사람들도 많아졌다. '이렇게 하면 되는구나!' 그렇게 생각했다.

사기가 충천하여 다른 골목길도 하나씩 둘씩 정리하리라고 마음먹었다. 주민들에게 협조도 구하고 무단투기 단속도 하였다. 마침

두 번째 쓰레기 무단투기 장소도 2개월 만에 성과를 냈다. 그래서 내 스스로 '2개월의 법칙'을 만들었다.

하지만 아무리 노력해도 성과가 나타나지 않는 지역이 있었다. 대부분의 지역은 오전 6시부터 밤 10시까지 일을 하다보면 두 달 안에 성과가 나타났지만 주민들이 새벽에 나가서 밤에 들어오는 주민들이 많이 사는 주택가에서는 사람들을 만날 수가 없었고 성과를 낼 수가 없었다. 포기할 수밖에 없었다. 그 때 지원군이 나타났다. 새벽에 쓰레기를 버려서 도저히 우리가 단속할 수 없는 지역에서 무단투기를 하지 못하도록 계도하고 홍보하겠다고 주민이 나선 것이다.

공무원이 일하러 나오기 힘든 시간대인 새벽 3시 반부터 5시까지 무단투기가 심한 골목을 지키기 시작한 것이다. 그토록 많은 사람들이 일하러 나가는 줄 몰랐다고 했다. 결국 그 지점은 주민의 도움으로 개선되기 시작했고 역시, 주민은 본인이 일을 시작한 후 2개월이 지나자 무단투기가 현저히 줄기 시작했다고 한다. 일을 하면서 변화를 시도하는 경우 최소한 2개월은 지켜보고 그 이후에 포기해야겠다는 생각이 든다. 물을 끓이는데도 시간이 필요하고 업무를 익히는데도 일정 시간이 필요한 것처럼 새로운 변화를 이끌어내는데도 일정 시간이 필요한 것이다.

'2개월'이 변화를 만들어내는 데 필요한 시간이라면 '2주일'은 변화된 상황에 주민들이나 직원들이 적응하는데 필요한 시간이다. 사무실을 리모델링하고 민원실에 컴퓨터를 설치하거나 사소한 가구들의 위치를 바꿀 때 주민들이나 직원들의 반응을 살필 필요가 생긴다. 사소한 변화에도 사람들은 민감하게 반응하기 때문에 변화를 시도하는 일이 여간 조심스러운 일이 아니다. 대부분은 기존의 것에 익숙해 있기 때문에 변화를 시도할 때 찬성하는 경우는 드물다. 그래도 변화를 원한다면 2주일만 지켜보면 된다.

변화 후 상황이 나쁘면 이전의 상태가 좋았다고 계속 불평을 하지만 그렇지 않은 경우에는 2주일이 지나면 처음에는 불편해 하다가도 적응하거나 더 좋아한다. 그 결과를 비교해서 변화된 상태가 더 좋으면 변화시키고 변화 후가 더 불편하면 처음으로 돌리면 된다. 주민센터 시설물을 개선하고 처음에는 모두들 이것저것 불편하다고 불평했는데 2주일이 시나사 변화된 모습이 전보다 더 좋다고 이야기하였다. 아무래도 변화를 시키는 것보다는 변화에 적응하는 것이 빠른 것 같다. 다른 사람들을 변화시키는 것과 우리가 그 변화에 적응하는 것, 모두 힘들지만 시간의 도움을 받는다면 두려워할 일은 아닌 것 같다.

글을 마치고

책을 써야겠다는 마음을 먹고 나서 일 년 동안 천천히 글을 썼고 끊임없이 변화하는 상황들을 정리하였다. 아무래도 동장으로 있으면서 글을 쓰다 보니 주민들의 이야기가 많다. 주민들의 이야기를 써 놓고 보니 내가 보는 것과 당사자들의 생각이 다른 것은 아닌지, 혹은 나만의 시각으로 글을 쓴 것은 아닌지 걱정이 되었다. 그래서 책에 나오는 사람들에게 글을 보여 주고 확인을 받았다. 당사자의 확인을 받기 어려운 내용은 가명을 쓰거나 이름을 쓰지 않았다.

책이 활자화되어 출판되기 전에 가능한 잘 만들어내기 위해 노력했다. 책을 만들기 위해 글을 쓰는 것은 이것이 처음이자 마지막이리라는 생각으로 작업을 하였다. 아는 사람들에게 원고를 보내어 코멘트를 부탁했고 아주 사소한 지적이라도 글에 반영하기 위해 노력했다. 하지만, 같은 글도 읽는 사람에 따라 반응이 달랐다. 공무원인지 아닌지에 따라 반응이 달랐다. 공무원들은 공무원과 관련된 이야기를 거부감이 없이 읽고 지적이 적은 반면, 공무원이 아닌 경우에는 공무원 이야기를 다소 지루하게 여겼다.

공무원들이 튀는 것을 싫어한다는 글을 읽고 많은 직원들이 정말로 공감이 간다는 표현을 했는데, 앞으로는 튀어야 하는 것 아니겠냐며 그런 내용을 담았으면 좋겠다거나 튀는 게 싫다거나 두려운 것이 아니라 튀지 못하고 있는 것이라고 지적하기도 했다.

진정으로 힘든 것은 진심어린 충고와 예리하고 정확하게 지적한 것을 제대로 반영하지 못했다는 것이다. 어떤 것은 수정할 필요를 인정하면서도 내 역량이 미치지 못하는 부분이 있었다. 일선 공무원으로서 당당하고 소신 있게 살아가고 있는 모습을 좀 더 담았으면 좋겠다는 지적, 공무원으로서 가지는 철학을 글에 녹여 넣었으면 좋겠다는 지적에 대해서는 충분히 소화내지 못했다. 주민들과 부대끼고, 직원들과 함께 일을 하면서 겪어온 경험 속에 나의 철학을 녹여 넣을 만큼의 내공이 부족하였다.

행정을 한다는 것은 종합학문을 다루는 것이요 종합예술을 하는 것이다. 특히, 도시에서는 더더욱 그렇다. 주민들이 만날 수 있는 광장을 만들어야 하고 거리에서 사람들이 어우러질 수 있는 도시를 만들어야 한다. 다양한 일들이 일어나는 도시에서 행정은 모든 분야를 다뤄야 하고 변화가 빠른 현실에서 상황대처에 대한 유연성은 필수적이다. 이 책에서 공무원이 되고 싶은 사람에게 행정의 현상이나 필요한 것들에 대해 콕 집어 설명하지 못하였고 다양한 내용들을 다루지 못하였다.

내 글을 읽고 지적받고 글을 수정하면서 많은 것들을 놓치더라도 마음이 따뜻한 사람들의 이야기는 놓치지 않기 위해 노력했다. 이 세상에서 가장 아름다운 것은 다른 사람들을 살피는 마음이라고 생각했다. 서울특별시 금천구 독산3동이라는 작은 공간에서 동장이라는 이름으로 그들과 어울리면서 그들의 모습을 그렸다. 그 속에서 사람들의 아름다운 모습을 그려내려고 노력했다. 책을 내기 위해 글을 쓰고 수정하는 작업이 힘들었지만 글을 쓰면서 나를 돌아보고 이웃을 둘러보는 기회를 가질 수 있었다.

이제 독산3동장의 임기를 마치고 금천구의회 사무국장으로 임용되어 새로운 일을 시작하려고 하니 여러 가지 생각이 교차한다. 독산3동장으로서의 경험은 앞으로 내가 공무원 생활을 하면서 일의 방향을 결정하는 데 판단의 기초가 되리라 생각한다. 나와 함께하면서 고생한 독산3동 직원들, 항상 나를 따뜻하게 품어준 독산3동 주민들께 진심으로 감사드린다. 끝으로 책이 나오기까지 책의 내용에 대해 수정할 내용을 지적해주고 격려와 조언을 아끼지 않은 많은 분들에게도 감사의 인사를 드린다.

선배생각

'동장이 뭐예요?' 책 제목이 신선하고 내용이 참 재미있다. 많은 부분을 함께 했던 공무원 이야기와 나도 먼저 경험했던 독산동 이야기가 공감이 간다. 25년간 구청에서 일한 공무원이 주민들의 삶의 현장에서 어려운 분들의 손을 잡아주고 마을 구석구석을 살피며 땀으로 써 내려간 글이기 때문일 것이다.

이미숙 동장은 나이가 나보다 13년이나 적은데 공적으로나 사적으로나 많은 것을 나누고 공유한 동료다. 여성 공무원으로서, 선후배로서, 때로는 선후임으로서 기쁨과 슬픔을 나누며 20여년을 함께 근무를 하였으니 참으로 귀한 인연이다. 여성공무원의 숫자에 비하여 간부공무원이 아주 귀하던 그 시절, 나이를 뛰어 넘어 우리는 잘 통하는 동료였다.

우리는 만나면 많은 이야기를 나눈다. 이미숙 동장은 주로 독산동 이야기, 주민들의 이야기를 하면서 매우 즐거워하고 나도 한 때 경험했던 기억을 되살려 추임새를 넣으면 이야기는 날개를 달고 마냥 이어진다. 여성공무원으로 함께 겪었던 많은 일들에 대한 이야기, 고집스럽게 의견을 달리하며 설전을 벌이기도 하고, 때로는 의기투합도 하면서 지낸 시간들에 대한 이야기를 자주 한다.

그러면서 누군가는 우리들이 하는 일에 대하여 궁금한 사람들이 있을 수도 있을 텐데, 우리들의 이야기가 시간이 흐르면서 자연스레 묻히게 두어도 되는 것인지, 그러기에는 무엇인가 해야 할 일을 회피하는 것 같다는 말을 했다. 그러면서 조심스럽게 동장으로 일을 하면서 보게 된 마을 안에 사는 사람들과 공무원에 대한 글을 함께 써 보자고도 했다. 2013년 말 퇴직을 하여 현장을 떠난 터라 글을 쓰는데 한계가 있어 함께 하지 못했는데 원고를 받고 보니 미안한 마음이 크다. 용기를 가지고 혼자서도 잘 해냈으니 장한 일이다.

평소 이미숙 동장은 소박한 성격에 작은 일에도 까르르 웃는 유쾌한 사람이다. 재치 있는 유머로 주변 사람을 기분 좋게 만드는 재주를 가진 사람이다. 함께 일하면 많은 부분을 배려하고 양보하여 어려운 일도 쉽게 해결할 수 있는 분위기를 만들기 때문에 많은 사람이 같이 근무하기를 원한다.

받기 보다는 주기를 좋아하는 마음이 따뜻한 사람이다. 이미숙 동장이 팀장 시절, 구청 여직원회에서는 해마다 바자회를 열었는데 직원들을 대상으로 물품을 기증받고 판 기금으로 어려운 이웃을 돕기도 하고 직원들을 위하여 쓰기도 했다. 주는 것이 특기인 이미숙 팀장은 오천 원짜리도 천 원만 받는가 하면 그냥 주기 일쑤였다. 그래서 돈 받고 판매하는 일을 맡기면 기금마련에 차질이 생겨서 안 된다고 말리던 생각도 난다.

이미숙 동장이 서울시에 들어온 1980년대에는 대부분의 공무원이 9급 공채로 들어와 7급까지 승진을 하는데 보통 10년은 넘게 걸렸다. 그런 시기에 7급으로 들어와 근무하면서 여자라는 이유로, 나이가 어리다는 이유로 승진에서, 보직에서 부당한 대우를 많이 받았다. 그러한 어려움을 끊임없는 공부와 일에 대한 열정으로 달래면서 탄탄하게 실력을 키워왔다.

지난 여름 어느날, 독산3동 주민 센터로 동장을 만나러 갔다. 민원실에 들어서니 안락한 의자와 연두색과 녹색, 흰색이 조화를 이루어 편안한 카페에 온 듯한 분위기다. 더구나 민원대의 빨강색은 아늑하고 밝은 분위기에 고풍스런 멋까지 풍긴다. 눈에 튀는 빨강색이 평범한 민원실과 이토록 절묘한 조화를 이루다니 신기하다. 이 탁월한 선택은 동장의 튀는 웃음과 말솜씨가 이 마을에 조화를 이루는 것과 무관치 않을 것이라는 생각이 든다. 독산3동의 빨강 민원대는 가장 튀는 것과 가장 평범한 것을 조화시키는 상상력으로 동장이 이끌어 낸 주민과의 합작품인 듯하다.

공무원은 변화를 싫어하지만 변화를 주도할 수 있는 사람들이다. 주민들이 공무원에게 손을 내밀기도 하고, 때로는 공무원이 주민들에게 손을 내밀기도 한다. 주민들은 '여러분의 참여와 도움이 필요해요' 하고 공무원이 손을 내밀면 기꺼이 잡아주는 분들이다. 또한, 공무원은 어려움에 처한 주민이 '도와주세요.' 하고 손을 내밀면 따뜻하게 잡아줄 수 있는 능력과 권한이 있는 사람들이다. 이렇게 손을 내밀고 잡아주면서 어려움을 보기 좋게 변화될 수 있도록 책임을 다하고 권한을 발휘할 수 있는 사람들이 지방자치단체의 공무원들이다.

동장이 무엇인지, 공무원이 어떤 사람들인지, 공무원의 상상력을 마을에 적용하면 어떤 변화가 일어나는지를 보고 듣고 체험하면서 이미숙 동장은 책을 펴내는 귀한 경험까지 하였다. 그동안의 귀한 경험으로 이제 50살이 되면 더 많은 책임과 권한을 가지고 더 많은 일을 하게 될 것이다. 가장 튀는 빨강색이 가장 평범한 민원실과 조화를 이루어 내었듯이 상상력을 현실화 시키는 또 다른 재미있는 이야기들이 기대된다. 튀지 못하는 후배 공무원들이 톡 톡 튀어서 빛날 수 있도록 용기를 주는 50대의 이미숙이 지어낸 재미있는 책 한권을 더 읽고 싶다.

남편생각

아내가 책을 쓰겠다고 했다. 아마도 동장 일을 하면서부터라고 생각한다. 책을 쓰려고 동장하였는지도 모르겠다. 동장 일을 하면서 글 쓰는 이야기를 자주 했다. 어째든 아내가 책을 쓰는 것도 좋고 특히 '동장이 뭐예요' 라는 책 주제 또한 아주 맘에 든다. 아내는 무엇이든 열심히 해왔다. 그런 아내가 공무원으로 살아오면서 겪어온 일들을 책으로 내는 것이 반갑다.

아내가 공무원생활 한지도 어느덧 25년이지만 함께한 결혼생활도 25년째다. 서로 다른 사람이 만나 부부가 되어 함께 부대끼며 살아가는 것이 쉬운 일은 아니지만, 우리는 하는 일이 많이 달라 부딪히는 일은 별로 없었던 것 같다. 그렇게 각자 자기일 열심히 하고 밤늦게 만나 새벽에 헤어지길 25년이다. 그동안 아내가 하는 일에 도움 준 것도 없지만 간섭하지도 않았으니 좋은 남편(?)이 아닌가 한다.

대학시절, 캠퍼스에서 만난 나는 오랫동안 아내를 지켜봐왔다. 항상 소탈하고 성실하였다. 아내는 항상 잘 웃는다. O형이라 그런지도 모르겠다. 평범한 외모지만 예로부터 웃으면 예쁘다고 하지 않았는가? 항상 긍정적 사고로 주변을 바라보는 능력은 높이 사야할 것 같다.

결혼 초, 공무원 생활을 하던 아내는 초급 공무원 생활이 서러웠던지 어느 날부터 고시 준비하겠다며 신림동과 노량진에 있는 학원을 한동안 다녔던 적이 있다. 아내는 현실에 불만이 있으면 바로 반응하고 도전했다. 학원이 너무 늦게 끝나는 날에는 내가 학원으로 데리러 가기도 했었다. 그러다 공부하겠다며 대학원에 진학했고, 대학원 다니는 모습은 즐거워 보였다.

박사과정을 시작한 뒤 아이를 키우느라 힘들 때는 휴학도 했다. 수료 후 한참이 지나 논문을 쓰겠다고 하더니 2007년이 되어서야 학위를 받았다. 아내는 학위수여식에 갈까 말까 관심 없어(?) 했지만, 박사학위를 받을 때 아내보다는 우리 가족이 더 기뻐했다.

박사학위를 받고 나서는 한동안 대학의 시간강사로 야간에 강의를 하더니 교수보다 공무원이 더 좋다고 했다. 하지만, 나는 '아마도 받아주는 대학이 없었겠지', 아니면 '지금보다 더 나은 지위와 보수가 딱히 보장되지 않아서 일 것이다' 라고 추측만 했다.

2014년 6월 지방 선거 이후, 아내는 동장으로 부임을 신청한다고 하였다. 선거 때 남편 덕분에 동네방네 돌아다녀보았던 소회가 남다르지 않았나 싶다. 동네 주민들을 보다 가까이에서 살펴보고픈 마음도 들었을 것으로 보인다. 중견 사무관인 아내가 자청해서 동장으로 나가겠다고 결심해준 것이 고마웠다.

나는 지역에서 동장과 주민센터 직원들을 비교적 자주 만난다. 아내가 동장이어서인지 그분들이 무엇을 하시는지 남보다 유심히 살펴보게 된다. 동장과 동사무소 직원들에 따라 주민들에 대한 보살핌과 혜택이 달라지고 주민과의 일체감 또한 달라진다는 것을 나는 느낀다.

그래서 더욱 주민센터 동장은 중견사무관으로서 경험이 있는 공무원이 부임하여 주민들과 부대끼며 더불어 함께해야 한다고 본다. 무엇보다 행정의 최일선에 유능하고 성실한 공무원이 우선적으로 배치되어야 한다고 나는 믿고 있다.

이제 아내는 어느덧 동장을 마치고 4급서기관(국장)으로 승진한다고 한다. 승진을 축하한다. 더욱이 동장으로서 최 일선에서 근무하다가 승진하여 더욱 축하한다. 아내에게 자랑스럽다고 칭찬해주고 고맙다고 말해주고 싶다.

동장이 ? 뭐예요

인 쇄 2016년 1월 5일
발 행 2016년 1월 12일
저 자 이 미 숙
발행인 윤 미 용
발행처 참윤퍼블리싱
등록번호 제302-2005-00002호
ISBN No. 978-89-91668-34-8-03800

서울시 용산구 한강대로 104라길 3, (우)04333
Tel. 02-3789-3670, Fax. 02-3789-3671
홈페이지 www.charmyun.com / E-mail charmyun@charmyun.com

정가 15,000원